T0270333

EL MESÍAS MÍSTICO

EL SIGNIFICADO INTERNO DE LAS ENSEÑANZAS DE JESÚS

ALAN COHEN

Autor del superventas *Un curso de milagros fácil*

Título: El mesías místico
Subtítulo: El significado interno de las enseñanzas de Jesús
Autor: Alan Cohen

Título original: The Mystical Messiah

Primera edición en España, noviembre de 2023.

Traducción: Miguel Iribarren

Impreso en España
ISBN PAPEL: 978-84-127340-2-7
ISBN EBOOK: 978-84-127340-3-4
DL: B 13559-2023

EL MESÍAS MÍSTICO

EL SIGNIFICADO INTERNO DE LAS ENSEÑANZAS DE JESÚS

ALAN COHEN

Autor del superventas *Un curso de milagros fácil*

Elogios que se han dedicado a *El Mesías Místico*

¡Alan Cohen ha vuelto a dar en el clavo! En este libro innovador, Alan nos ofrece un nuevo paradigma, al desmantelar los esquemas de pensamiento antiguos y limitantes con respecto a la Biblia. Como ejecutivo de Fortune 500, sé de la importancia de aplicar los principios metafísicos del éxito al mercado. Alan hace comprensibles las enseñanzas de Jesús para nuestro mundo moderno. A través de su inspiración, Jesús nos habla directa y personalmente a cada uno de nosotros, y a nuestro crecimiento espiritual. Un libro enormemente lúcido e introspectivo.

—Doctor Richard Feller, autor de *Fearless Wisdom*

¡Esta es una gran obra, y muy necesaria! Muchos de nosotros sentimos una conexión intuitiva con el maestro Jesús, y sin embargo hallamos que el modo en que muchas iglesias articulan quién fue Jesús, o lo que enseñó, crea una gran desconexión en nuestra alma. En *El Mesías Místico,* Alan Cohen salva esas brechas y favorece una mayor conexión con el hombre Jesús y sus enseñanzas de un modo que resulta relevante y útil. ¡Este libro y la sabiduría que contiene son una alegría de contemplar!

—Doctora Michelle Medrano, ministra de la Iglesia Mile Hi

¡Me encanta este libro! Debería ser una lectura obligatoria para todo tipo de sanadores. En mi consulta de psicoterapia veo que los clientes se benefician inmensamente de aplicar las verdades holísticas y espirituales a sus vidas. *El Mesías Místico* demuestra que Jesús no solo fue un maestro espiritual, sino que iluminó profundos principios psicológicos que cambian las vidas de quienes los aplican. Si quieres llegar al núcleo de tus problemas y sanarlos profundamente desde dentro, aquí encontrarás un tesoro de herramientas que acelerarán tu crecimiento personal y espiritual de maneras poderosas y asombrosas.

—Day Singh, psicoterapeuta y *coach* holística

Como estudiante dedicado de *Un curso de milagros*, sé que hay mucho más en las enseñanzas de Jesús de lo que la mayoría de la gente se da cuenta. Me emociona que Alan Cohen haya iluminado el significado metafísico que está detrás de sus enseñanzas. Como Alan, veo la vida como una serie de parábolas que nos ayudan a entender quiénes somos, por qué estamos aquí, y cómo vivir. Si te gustaría entender tu vida desde una perspectiva más elevada, este libro iluminador te ofrece una tremenda claridad e inspiración. *El Mesías Místico* encontrará un hogar acogedor en las estanterías y en los corazones de todos los que buscan milagros en sus vidas.

—David Hoffmeister, autor de
Awakening through A Course in Miracles

Leer el trabajo de Alan Cohen siempre es un viaje a una sabiduría profunda, y *El Mesías Místico* no es una excepción. La detenida mirada de Cohen sobre Jesús y sus enseñanzas explora un significado más profundo del Hijo de Dios, combinando antiguas historias con nuevas comprensiones. Este es un libro para leerlo una y otra vez, pues nos guía a vivir cada día con una mayor conciencia de nuestro Ser.

—Debra Landwehr Engle, autora de
The Only Little Prayer You Need

Como asesor fiscal de profesionales autónomos durante más de quince años, y practicante de *Un curso de milagros*, he experimentado de primera mano cuán abrumadas se pueden sentir algunas personas con los impuestos. Me siento muy inspirado por la iluminación que hace Alan Cohen del consejo de Jesús sobre cómo lidiar magistralmente con los impuestos, intercambiando la ley del karma por la ley de la gracia, y cambiando el sentimiento debilitante de tener que "pagar impuestos" por un pacífico y generoso estado de abundancia. Con serenas verdades que se elevan mucho más allá de los consejos mundanos, Alan nos guía a la paz y prosperidad de nuestras finanzas, y nos enseña a integrar plenamente la espiritualidad en nuestro camino profesional. Recomiendo este libro encarecidamente.

—Maine Shafer, asesor fiscal y comercial, antiguo
ayudante del Fiscal General de Nuevo México

Como autores y *coaches* relacionales, parte de nuestra práctica espiritual diaria consiste en leernos mutuamente los escritos de Alan Cohen a primera hora de la mañana. Encontramos que esto profundiza nuestra conexión mutua. Nos encantan los libros de Alan, pues tienen el raro don de tocar profundamente nuestras almas. En *El Mesías Místico* nos presenta a Jesús como un guía magistral para crear relaciones humanas gratificantes. Alan nos dirige hábilmente y con suavidad al corazón mismo de lo que hace que las relaciones funcionen. Todo el que anhele disfrutar de conexiones más profundas con sus seres queridos extraerá oro espiritual de este libro penetrante y transformador.

—Doctora Anne Campbell & John Campbell,
autor de *Relaciones milagrosas*

Alan Cohen es un autor magistral que nos enseña que un cambio de percepción lo cambia todo: usa las lentes metafísicas para ver a Jesús como el gran profesor que fue y que es; la Verdadera Luz que nos ilumina; el Espíritu que renueva todas las cosas; el Dador de esperanza y el que Ama a todos los seres. Este libro transformador hará lo que muchos otros libros de Alan hacen tan bien: ayudar a los lectores a pasar del miedo al amor.

—Peter Nieman, autor de *Moving Forward*
y corredor de maratones

En mi papel de editor de la revista *Miracle Worker [Obrador de milagros]* y de maestro de *Un curso de milagros* a lo largo de muchos años, encuentro que *El Mesías Místico* es un libro verdaderamente inspirador. Lleva las enseñanzas de Jesús a niveles más profundos. Cualquiera que quiera sanar los pensamientos de su ego y despertar del sueño de miedo, separación y muerte, encontrará que los principios espirituales de Jesús que se ofrecen en este libro son inmensamente valiosos. Tienen el poder de llevar más amor, paz y felicidad a tu vida, y es algo que puedes compartir con todas tus relaciones. *El Mesías Místico* es un libro transformador que te sacará de la prisión del ego y te llevará al cielo interno.

—Dan Strodl, editor de la revista *Miracle Worker*

La experiencia de leer este libro incluye una transformación simultánea. Las enseñanzas intemporales de Jesucristo son muy ricas. Una puede aceptar que ese intelecto y esa conciencia están reservadas solo para el hijo de Dios, pero Alan Cohen nos explica que esto no es verdad: todos los seres humanos estamos perfectamente equipados para "salir a la luz" y reclamar la promesa de nuestros talentos únicos. *El Mesías Místico* combina la maestría del autor como escritor y profesor, de modo que todos los sanadores, filósofos y personas místicamente orientadas puedan sentirse elevadas hasta la verdad que buscan.

—Debby Handrich, profesora de literatura

Al mesías místico que renueva todas las cosas.

CONTENIDO

INTRODUCCIÓN

Jesucristo ha influido en el mundo más que cualquier otra persona en toda la historia humana. Aunque sus pies hollaron las verdes colinas de Galilea hace dos milenios, hasta el día de hoy incontables devotos relatan sus enseñanzas, le rezan, sanan mediante su poder, emulan su vida, construyen iglesias a su gloria, se sacrifican por él y matan en su nombre. Otros lo injurian, lo niegan y lo ridiculizan. Si alguna vez un hombre ha conmovido al mundo y ha cambiado la dirección de la vida en la Tierra, ese es el Nazareno solitario.

Sin embargo, ¿quién de entre los devotos y detractores entiende verdaderamente lo que esta alma dinámica vino a impartir? ¿Llegan los predicadores al corazón de la verdad que él administró o hay un significado más profundo que pasan por alto? ¿Podría haber más en el hombre y en su mensaje de lo que sabemos?

Estamos muy familiarizados con el Jesús religioso, en cuyo nombre se ha construido la extensa fe cristiana. También conocemos la figura histórica que aprendió carpintería de su padre, desapareció durante dieciocho misteriosos años y después retornó para predicar ante grandes multitudes hasta que fue crucificado. El Jesús político planteó tal amenaza a los líderes hebreos y a los ocupantes romanos que tuvieron que deshacerse de él. El Jesús curandero sanó enfermedades, expulsó demonios y resucitó a los muertos. El maestro psicólogo Jesús explicó por qué sufrimos bajo los juicios que nos imponemos unos a otros. El Jesús liberador hizo énfasis en el espíritu de la ley por encima de la letra de la ley y perdonó a los delincuentes que otros habían condenado. El Jesús punitivo entró en torbellino en el gran templo y desmontó los puestos de los mercaderes, ¿o fue este el Jesús humano, que perdió los estribos como el resto de nosotros? El Jesús psíquico identificó a Juan Bautista como el profeta Elías retornado y profetizó su propia muerte y resurrección. Algunos investigadores citan evidencias del Jesús yogui, que supuestamente viajó por Egipto, India y Tíbet, donde estudió en las escuelas de misterios esotéricos, que le prepararon para su transcendental misión. Más recientemente se ha especulado con el Jesús familiar, que se casó con María Magdalena, fue padre de uno o más hijos y engendró una línea de sangre que continúa hasta nuestros días.

Sin embargo, en medio de esta mareante variedad de roles, sigue habiendo un Cristo poco comprendido que podría ser el más importante de todos: el mesías místico. Vas a conocer al visionario que impartió verdades elevadas, tan lejos de la comprensión de la gente simple a la que se dirigía, que tuvo que velarlas con parábolas terrenales que ellos pudieran entender. Este maestro espiritual destrozó las ideas previas sobre el pecado, declaró madura la cosecha con cuatro meses de antelación y negó la muerte con tanta determinación que los cuerpos muertos se alzaron y caminaron. Desnudó a los sacerdotes de sus dogmas hipócritas y prometió crípticamente reconstruir el templo caído en tres días. Y lo más importante, reivindicó su identidad como ser divino inmortal, animándonos a hacer lo mismo. Nunca se ha propuesto un reto mayor.

Un maestro espiritual preguntó a su alumno:

—¿Sabes cuál es la diferencia entre Jesucristo y tú?

El alumno permaneció en silencio y el maestro respondió:

—Jesús sabe que no hay diferencia.

El mesías místico vino para allanar el campo de juego y encontrarse con nosotros en un terreno común. Cristo logró milagros porque entendió la mecánica que está detrás de la creación, y se elevó más allá de las ilusiones que mantenían en prisión a la humanidad. Se llamó audazmente a sí mismo *el Hijo de Dios,* y nos aseguró que nosotros no somos menos.

Estamos viviendo tiempos extraordinarios. Las fuerzas que impulsan a la humanidad se han intensificado y acelerado. La oscuridad es más oscura, la luz es más brillante y el contraste entre ambas se agudiza cada día. Si bien la gente encuentra acomodo en la religión tradicional, otros buscan una verdad más satisfactoria para el alma. No están contentos con un Dios que pide sangre, incita a la guerra y amenaza a los infieles con el infierno eterno. Los buscadores sinceros se esfuerzan por liberarse de la culpa y familiarizarse con un Poder Superior que anime a estar alegre más que a sufrir. Anhelan encontrar un lugar seguro donde apoyar el pie en un mundo enloquecido. Necesitamos relacionarnos con un Dios que nos sane, eleve y empodere. El mesías místico ofreció este modelo, pero nosotros debemos decodificar sus brillantes metáforas para desvelarlo.

El libro que tienes entre las manos revela el significado más profundo de las enseñanzas de Jesucristo, la verdad más grande que él no pudo transmitir porque la gente de su tiempo no estaba preparada para entender las sutilezas espirituales que sus parábolas velaban. El nazareno sembró semillas que brotarían a lo largo de los siglos, y darían fruto al llegar a la madurez. Sus enseñanzas eran cápsulas de tiempo esperando que una audiencia más madura las desenterrara. Si bien en cada generación un puñado de visionarios han comprendido el significado sutil de las enseñanzas de Cristo, ahora hay una oleada de aspirantes preparados para el discipulado esotérico. El simple número de buscadores dedicados a la verdad está generando un punto de inflexión hacia la iluminación. Hace no mucho tiempo, la gente interesada en la metafísica se sentía aislada, y tenía que abrirse camino detrás de puertas cerradas. Ahora, una legión de poderosos compañeros camina a nuestro lado.

El camino de la liberación no es misterioso ni está reservado a unos pocos favorecidos. El poeta extático Rumí llamó a la iluminación “el secreto abierto”. La verdad se alza ante nosotros como un joya brillante sobre un pedestal dorado. Sin embargo, parece elusiva porque nos sumergimos en distracciones triviales. “Muchos son los llamados y pocos los elegidos” significa que todos recibimos la llamada, pero pocos eligen escucharla. Si estás leyendo este libro, estás preparado para oír la llamada. Para algunos, este libro seguirá siendo invisible o increíble. Para otros, será una puerta a dimensiones antes veladas que ahora se revelan en todo su esplendor.

Cuando ya hemos agotado todos nuestros viajes externos, la aventura interna sigue siendo la única que importa. Una Tierra esférica asegura que cada vuelta que des a su alrededor te devolverá al punto de origen. Muchas personas viajan a Israel para seguir los pasos de Jesús. Sin embargo, no es tan importante donde hollaron sus pies físicos como hacia dónde apuntaba su mente. Su reino —afirmó— no es de este mundo. Entonces, ¿por qué intentar encontrarlo en un mundo que él ha superado? El mesías místico nos llama a un reino mucho más grande, construido por pensamientos empoderados y un corazón deseoso.

Hacia ese reino se dirige este libro. De los muchos Jesús que conoces, uno te llevará todo el camino hasta casa. Retiremos ahora el envoltorio que cubre las enseñanzas del maestro y lleguemos a su corazón. Podemos acortar el tiempo de deambular y sufrir. Aquí encontrarás la fórmula que Jesucristo usó para lograr curaciones y milagros, para que tú puedas hacer lo mismo. Nada haría más feliz a Jesucristo que encontrarnos a su lado, conociéndonos como el ser divino que él sabía que todos somos.

Comencemos.

MI PRIMO JESÚS

Después de la publicación de mi primer libro, *El dragón ya no vive aquí*, me invitaron a dar el discurso de apertura en un congreso nacional de ministros de la Iglesia de la Unidad, en Missouri. Cuando estaba en el podio, a punto de comenzar mi charla, comenté:

—Tal vez te resulte extraño que un tipo llamado Cohen[1] esté dando una charla a un colectivo de ministros cristianos.

Hice una pausa para potenciar el efecto y después añadí:

—Pero he oído que uno de mis parientes es muy popular por aquí.

Asimismo, ahora tú podrías preguntarte por qué ese mismo tipo está escribiendo un libro sobre las enseñanzas internas de Jesucristo. "¿Eres judío?", podrías preguntar. "¿Cristiano? ¿Un judío a favor de Jesús? ¿O eres una mezcla?".

Nada de lo anterior.

Mi relación con Jesús es personal, no religiosa. No soy miembro de la religión cristiana, ni de ninguna otra. Mi iglesia es el santuario santo de la naturaleza. Me gusta la música cristiana que celebra el perdón y la gracia, pero la apago cuando el cantante ensalza la sangre del cordero. No entiendo las enseñanzas de Jesús a través de mi intelecto, sino de mi corazón. Él es mi mentor, mi amigo y, en último término, recurro a él cuando tengo una pregunta sobre qué es real y cómo vivir.

1. Cohen es un apellido judío. (N. del t.)

No siempre fue así. Nací en una familia judía que practicaba la cultura pero no la religión. Aprendí con esfuerzo las lecciones de *bar mitzvah* y soporté que parientes lejanos me pellizcaran las mejillas en el banquete. Ese día juré que nunca volvería a poner los pies en el templo.

Un año después, recibí una postal invitándome a un almuerzo para adolescentes en mi templo. No tenía absolutamente ninguna razón ni ningún deseo de asistir. Sin embargo, algo dentro de mí me impulsó a ir. Ahora reconozco esa voz como el Espíritu Santo guiándome a completar mi destino.

En el almuerzo conocí a un joven rabino, Stuie, el director del sector juvenil del templo. Nos dio un apasionado discurso que me conmovió profundamente. Este hombre tenía una relación sincera y amorosa con Dios. En aquel tiempo, mi familia estaba viviendo en un vecindario horrible del centro de la ciudad, donde había muchas influencias oscuras. Yo solía estar en entornos sórdidos, con chicos que delinquían y hacían cosas repugnantes. Ya con trece años, medía más de uno ochenta, llevaba gafas y aparatos en los dientes, y luchaba con el acné. Los otros niños se reían de mí y mi autoestima estaba bajo cero. El rabino Stuie fue un rayo de luz en medio de una horrible tormenta. Él vio el bien en mí; yo le importaba de verdad. En su presencia me sentía pleno y valorado. Stuie me animó a presentarme para ser presidente del grupo juvenil, y en poco tiempo estaba dando discursos a los niños y adultos y dirigiendo oraciones para todo el templo. Su intervención en mi vida fue un acto de gracia.

Me convertí en un judío ortodoxo y seguí todas las reglas, que eran muy estrictas: rezaba tres veces al día y solo tomaba comida *kosher:* un régimen estricto. Stuie me ayudó a conseguir una beca para ir a una universidad judía, donde estudié la Biblia en hebreo y no se me permitía tocar a una mujer. Si bien al principio los estudios me resultaron inspiradores, después de siete años de práctica empecé a sentirme sofocado y aburrido. La religión que antes había potenciado mi vida ahora la estaba asfixiando. Di un paso atrevido y abandoné el judaísmo. Entré en la modalidad de fiesta intensa y me resarcí de toda la diversión que me había perdido por ser un adolescente religioso. Tenía muchas citas con mujeres, experimenté con drogas psicodélicas, me senté a los pies de gurús hindúes, medité con monjes Zen y asistí a todas las formaciones de conciencia que pude encontrar. ¡Qué tiempo tan emocionante de aprendizaje y crecimiento!

Durante un intenso retiro en el Instituto Esalen, en Big Sur, California, encontré una copia del Nuevo Testamento. Siendo judío, esta parte de la Biblia nunca había entrado en mi mundo. Los judíos no hablaban de Jesús, de modo que yo no tenía relación con él ni con sus enseñanzas. Cuando leí las palabras de Jesús impresas en rojo, saltaron de la página a mi alma. Este hombre, fuera quien fuera, expresaba compresiones brillantes, como las que había experimentado bajo la influencia de las sustancias que expanden la mente. Las verdades que decía resonaron dentro de mí a nivel celular.

A lo largo de los años, mi relación con Jesús se ha ido profundizando hasta el punto de que se ha convertido en mi *sadguru*, el maestro de maestros que habla más directamente a mi espíritu y en cuya guía más confío. Creo en él y en sus enseñanzas más que en la organización que ha crecido a su alrededor. El Nazareno es mi fuente de guía espiritual y confort. Cada día doy gracias a Dios de que Jesús haya venido a mi vida y me bendiga con su verdad y su gracia.

Una de mis maneras de conectar con Jesús es viendo la vida a través de metáforas. Cristo me ofreció sus grandes lecciones mediante parábolas, que experimento cada día. A través de *Un curso de milagros* y enseñanzas similares, miro más allá de las nociones de pecado, castigo y condenación que oprimen a muchas personas criadas en las religiones tradicionales. En este libro tengo la intención de difuminar las interpretaciones del mensaje de Cristo basadas en el miedo y de afirmar la belleza inherente, la valía y la inocencia de todos nosotros. Podríamos decir que este libro es una especie de "Jesús 2.0", una nueva repetición de una voz cuyo eco resuena a lo largo de los siglos para la elevación de la humanidad.

Tanto si eres cristiano como judío, o de cualquier otra religión, o si no tienes religión, Jesús expresa la verdad universal que puede sanar nuestras vidas. Si encuentras valor en la cristiandad, consérvala como envoltura de la sabiduría que él transmite. Si te molesta la religión, déjala a un lado. Si no tienes relación con Jesús, o si le juzgas porque vienes de otra religión, o porque has tenido una mala experiencia en la iglesia, o te consideras a ti mismo ateo, me gustaría presentarte esta voz convincente que he llegado a conocer y amar. En último término, debemos llegar a estar menos fascinados por la personalidad de Jesús y aplicar lo que él enseñó. El hombre era el mensajero. La verdad es el mensaje.

Nuestro viaje ha sido largo, y a veces duro y doloroso. Sin embargo, hay luz al final del túnel. Desde arriba se nos echa una mano para elevarnos, cualquiera que sea el nombre que le des, para que todos podamos recibir la gracia que se nos ofrece y, puesto que nacimos para ser las luces del mundo, podamos brillar como tales.

ALGUNAS NOTAS PARA EL LECTOR

LAS PALABRAS DE CRISTO

En este libro cito muchas declaraciones realizadas por Jesucristo tal como están registradas en el Nuevo Testamento. He elegido no anotar los capítulos y versículos por dos razones: la primera es que muchas de las enseñanzas están incluidas en diversos evangelios diferentes, a menudo con variaciones. También hay muchas traducciones distintas de la Biblia. Prefiero no dirigir al lector a un capítulo y versículo particular, puesto que hay muchas interpretaciones entre las que elegir. Por otra parte, a veces he sintetizado los mensajes de varios evangelios o de traducciones distintas para llegar a la declaración que, en mi opinión, ofrece la descripción más clara del mensaje de Jesús.

Mi segunda razón para omitir las anotaciones es que muchos lectores han tenido experiencias negativas al asistir a iglesias que citaban continuamente capítulos y versículos, muchos de los cuales subrayan aspectos punitivos de Dios. En consecuencia, algunas personas han desarrollado una aversión a las escrituras. Si bien todas las enseñanzas de este libro se basan en relatos de las escrituras, creo que la esencia de una declaración es más importante que su procedencia, de modo que presento las declaraciones para que simplemente se alcen por sus propios méritos.

Como ahora tenemos Internet a nuestra disposición, el lector que desee encontrar la fuente de una cita de Jesús puede introducirla fácilmente en un motor de búsqueda y encontrar múltiples referencias. A mí me gusta particularmente la página web www.biblehub.com, que ofrece una lista exhaustiva de traducciones y anotaciones de la Biblia, así como muchas referencias cruzadas e interpretaciones.

UN CURSO DE MILAGROS

Aquí encontrarás muchas referencias a *Un curso de milagros*, un programa de autoestudio contemporáneo que abre la mente y el corazón a profundas comprensiones sobre la espiritualidad, la curación, las relaciones, el perdón y Dios. El *Curso* fue dictado por una voz interna que se identificaba a sí misma como Jesucristo. En el *Curso,* Jesús continúa las enseñanzas que empezó cuando caminó sobre la Tierra. Retoma los temas que estableció y clarifica mensajes que han quedado mancillados o distorsionados a través de traducciones e interpretaciones erróneas. Algunas personas consideran el *Curso* como un tercer testamento y una corrección de las nociones equivocadas que han crecido en torno a Jesús y su mensaje. Para aprender más sobre *Un curso de milagros,* visita la Fundación para la Paz Interior, www.acim.org.

PARÁBOLAS CONTEMPORÁNEAS

Cada capítulo contiene una o varias anécdotas de mi vida y de las vidas de personas que conozco, para ilustrar el tema del capítulo. Mientras escribía estas historias, me di cuenta de que enseñar con parábolas no es algo exclusivo de Jesús. Todos nos encontramos con parábolas y participamos en ellas cada día, lo que nos aporta una importante lección espiritual. La palabra "parábola" viene del griego *parábola*, que significa "uno al lado de otro". Una parábola es una historia con dos significados: uno exotérico y más evidente, y otro esotérico y más sutil. Cuando Jesús habló de plantar, cosechar, hornear, banquetes, maestros y sirvientes, y de ricos dueños de negocios, estaba transmitiendo poderosas verdades espirituales en metáforas. Debemos desplegar la historia externa para desempaquetar la lección interna. En este sentido, la totalidad de la vida es una parábola. Tengo la esperanza de que las historias personales que comparto te revelen sus mensajes internos, y —lo que es más importante— que desarrolles tu propia capacidad de interpretar más eficazmente la parábola que es tu vida.

1

EL COMIENZO DE UN MILAGRO

Si fueras una muchacha virgen de dieciséis años y un ángel viniera a ti y te dijera que estás embarazada del Hijo de Dios, ¿cómo reaccionarías? Esta fue exactamente la situación en la que se encontró María. Este asombroso anuncio se complicó todavía más por el hecho de que María estaba prometida a José, y en aquellos días era impensable casarse sin ser virgen, pues eso podía llegar a ser castigado con la muerte. El ángel también informó a María de que su prima Isabel, estéril y más allá de la edad de ser madre, también iba a dar a luz a un niño —que creció para ser conocido como Juan Bautista—.

Hay dos cosas que tienes que saber de la Biblia que cambiarán para siempre tu manera de pensar en ella. La primera es que los sucesos que se cuentan en la Biblia son más metafóricos que literales. Las personas y situaciones sobre las que lees representan ideas más que sucesos físicos. Son símbolos de estados mentales. Leer la Biblia únicamente como el registro de sucesos específicos es perderse el núcleo de la enseñanza que trata de impartir. En realidad, cada historia es una progresión de la conciencia, de dinámicas que se despliegan en las mentes y en los corazones de todas las personas.

La segunda comprensión transformadora es que todos los personajes que se mencionan en la Biblia viven *dentro* de ti más que fuera. La Biblia no es una historia sobre cosas que ocurrieron a otras personas hace mucho tiempo. *Es tu propia historia,* el viaje transcendental que estás haciendo del miedo al amor, de la alienación a la conexión, de la fragmentación a la plenitud, de la atadura a la liberación, de la muerte a la vida. Puedes leer los evangelios como tu propio diario personal.

Todas las historias bíblicas nos enseñan a tres niveles. El primero y más evidente es el **interpersonal**, enfocado en relaciones *entre* personas, encuentros que nos muestran cómo convivir en el mundo y escapar de las dificultades que abruman a la humanidad. En la famosa parábola, un hombre es golpeado por unos ladrones que le dejan a un lado del camino para que muera. Mucha gente pasa junto a él sin ayudarle. Finalmente, llega un samaritano que se apiada de él, lo lleva a una posada y le dice al posadero: "Cuida de él hasta que se recupere. Yo correré con los gastos". La historia ofrece una enseñanza dramática que nos incita a ayudarnos mutuamente en tiempos difíciles.

Las historias interpersonales de la Biblia son un buen material para sermones y lecciones de la escuela dominical. No se puede discutir lo de "alimentar a los hambrientos"; "el que esté libre de pecado que tire la primera piedra"; o "perdona setenta veces siete". Si sigues estas reglas, el mundo será un lugar mucho más pacífico y armonioso, más cercano al cielo que al infierno que a menudo es.

Sin embargo, hay más. El segundo nivel de la enseñanza que se ofrece a través de las parábolas es **intrapersonal,** y en él los personajes y el argumento representan identidades, rasgos y creencias que viven dentro de nuestra propia psique. Todos los personajes bíblicos, incluyendo a Moisés, el faraón, la Madre María, Jesús, los discípulos, María Magdalena, Lázaro, Judas y los rabinos y romanos que enviaron a Jesús a la cruz, representan aspectos de nosotros, representados por personajes, *aparentemente* externos, que expresan nuestras propias dinámicas internas. María recibiendo la noticia de que iba a dar a luz a Cristo, en realidad, eres *tú* reconociendo la llamada de tu naturaleza divina a nacer a la expresión. *Tu mente* es el útero en el que Dios ha plantado la semilla de la divinidad. Como María, tú debes decidir si eres digno de dar a luz a Cristo, y si vas a manifestar tu expresión inspirada en medio de los críticos y de los escépticos, que dan voz a tus propias dudas y juicios. Los arcos de los personajes bíblicos reflejan tu propia evolución. Sus biografías son tu autobiografía. Si bien estos personajes parecen vivir en un tiempo o un libro distantes, no están separados de ti. Son aspectos repudiados de ti mismo, que buscan integración y resolución.

Reconocer la Biblia como un espejo nos da la posibilidad de reunir los fragmentos que se rompieron, y recuperar nuestra plenitud. Cuando recuperas el poder que diste a las personas y sucesos a los que habías atribuido una autoridad que no merecían, alcanzas la maestría que no ejercitaste cuando creíste que el mundo te hacía cosas a ti o las hacía para ti. Te lo estás haciendo todo a ti mismo y para ti mismo.

En el capítulo 4 revelaré el tercer nivel, el más profundo de la enseñanza bíblica. Por ahora, estos dos primeros niveles nos van a dar mucho que absorber.

ÁNGELES ENTRE NOSOTROS

Tal como María recibió la anunciación de un ángel, los ángeles también nos hablan a nosotros. Nos traen guía, curación y esperanza. Algunas personas religiosas dicen que los milagros, los ángeles y las intervenciones divinas están reservadas a los días antiguos, y que han cesado en nuestro tiempo. *No es así*. La Biblia no es un cartón de leche con fecha de caducidad. La verdad es eterna, pues de otro modo no sería la verdad. Tal como María, Jesús, sus discípulos y los profetas fueron visitados y guiados por ángeles, también lo somos tú y yo. Si estás abierto a recibir su ayuda, la recibirás. Si no crees en ellos, o te sientes indigno, o te ocupas de distracciones, no serás consciente de su presencia y los regalos que ofrecen. Si ha habido algún corte, no se debe a que la Biblia tenga fecha de caducidad. Se debe a cómo nosotros nos separamos de la presencia del amor. No obstante, por más separado que hayas llegado a estar de la presencia del amor, puedes reclamarla, a veces a través de sucesos milagrosos.

Ivy Olson, que se había divorciado hacía poco, tenía dos hijos pequeños, no tenía dinero y su frigorífico estaba vacío. Deprimida y asustada, no tenía ni idea de cómo iba a cuidar de sí misma y de su familia durante las vacaciones. Entonces, una mujer mayor de su edificio de apartamentos la invitó, junto con sus hijos, a la cena del día de Acción de Gracias. La vecina preparó un banquete con las comidas favoritas de Ivy, y demostró que sabía cosas de ella que no podría haber sabido. La mujer envió a Ivy a su casa con suficientes sobras para alimentar a su familia durante una semana. El amor incondicional que demostró esta vecina le llevó a tener fe en que ella y sus niños conseguirían superar estos tiempos duros.

A la mañana siguiente, Ivy regresó al apartamento de la mujer para devolverle los envases. Se quedó anonadada al comprobar que el apartamento estaba completamente vacío, no había ningún mueble. Cuando se dirigió al encargado del edificio para preguntarle qué había sido de la mujer, él le dijo que el apartamento llevaba varios meses vacío (YouTube: *Dinner with an Angel-It's a Miracle.*).

Nosotros también estamos siendo guiados y sustentados. Tanto si un ángel te susurra al oído como si tienes una intuición improbable que demuestra ser cierta, o la persona perfecta se presenta en el momento justo, la Gracia está cuidando de ti. La misma fuente angélica que habló a María nos habla a todos nosotros, y trata de ayudarnos si estamos abiertos a escuchar y recibir.

OBRAR MILAGROS

María representa el útero o el espacio para que lo divino entre en el mundo. Ella es femenina, y encarna el aspecto místico, intuitivo e invisible de la creación; es joven, inocente, nunca ha sido tocada por un hombre y es receptiva. Pero las cualidades de inocencia, pureza, juventud, receptividad y creatividad no se restringen a las mujeres jóvenes y vírgenes. Cualquier persona, de cualquier género y edad, o experiencia sexual, puede recibir la verdad superior y generar una progenie visionaria que bendiga al mundo.

El ángel de la anunciación profetizó dos sucesos aparentemente imposibles: el primero, que una virgen iba a tener un hijo; el segundo, que otra mujer, que era demasiado vieja y estéril para ser madre, también iba a dar a luz. Esto demuestra que las posibilidades espirituales superan las limitaciones en las que el mundo cree. *Un curso de milagros* nos pide que recordemos: "No me gobiernan otras leyes que las de Dios". En último término, nada es imposible. Soy *coach* de muchas mujeres que se acercan a los cuarenta y temen ser demasiado mayores para tener un hijo. Sin embargo, se sabe que en Asia las mujeres *hunza* tienen hijos hasta los sesenta y cinco años. Una historia que salió recientemente en las noticias presentó el caso del padre más viejo que se conoce en el mundo, un hombre indio de noventa y cuatro años. Su esposa, y madre del niño, tiene cincuenta y tres. Mientras caminaba por una senda en Hawái, nuestro guía nos mostró un cementerio familiar privado que contenía la tumba del patriarca, que también había sido padre después de los noventa años. La edad y sus atributos son historias que nos montamos. En cualquier momento somos libres de crear una nueva historia.

También tenemos creencias que no son ciertas con respecto a la enfermedad. Todas las enfermedades conocidas han quedado curadas en alguna persona, y a menudo en muchas. No existe tal cosa como una enfermedad incurable. Cuando no sabemos lo que no podemos hacer, pasamos por alto las creencias limitantes que otros tienen. Conozco a una mujer que escribió esta nota a su marido: "Nunca te dije que el médico llamó para decir que no eres fértil... Felicidades, es una niña". Cuando nos aferramos firmemente y con fe a nuestra visión, sin dejarnos sofocar por falsos límites, podemos transcender las supuestas leyes que gobiernan a las personas enfermas, pobres, doloridas o desesperadas. Entonces disfrutamos de los beneficios de las leyes universales, sólidas como un roca, que nos hacen saludables, prósperos y verdaderamente felices.

REALMENTE INMACULADA

La virginidad física representa la inocencia espiritual. Eres espiritualmente inocente con independencia de tu actividad o historia sexual. Tu alma es pura, sin importar lo que creas que son tus pecados, que te harían merecedor de un castigo o de ir al infierno. En la mente de Dios, ninguno de tus actos hace que no merezcas su amor. La culpa y el castigo son historias retorcidas que la gente inventa. La palabra "gospel" [evangelio] viene del término anglosajón "god-spell", que significa "buena historia" [buena nueva]. Las historias de un Dios enfadado, vengativo, punitivo, que lanza las almas malas al infierno para su condenación eterna no son buenas historias. Son producto de mentes que han perdido la conciencia de su inocencia inherente. Cuando recuerdas tu pureza inviolada, intocable y perfecta, reclamas tu verdadera naturaleza.

Uno de mis clientes de *coaching* me dijo que sufría de "culpa existencial", lo que implica que la culpa viene con la existencia. Tuve que reírme. No existe tal cosa como la culpa existencial. La culpa es una elaboración de la mente temerosa, no natural y ajena al ser divino. Dios no la conoce. La culpa no es un atributo de la vida; es lo opuesto a la vida. Le dije a mi cliente: "La existencia es inocente y tú también".

La palabra "concepción" significa "idea". El significado más profundo de "inmaculada concepción" es "idea pura". La anunciación del nacimiento de Jesús representa que se ha plantado una idea pura en tu mente. Las ideas puras son las ideas que Dios tiene con respecto a ti y a la vida, todas las cuales son perfectas. La inmaculada concepción es la visión de totalidad que Dios conserva para todos nosotros, y desea que nosotros conservemos para nosotros mismos. El perdón ve pureza donde el miedo puso condena. El verdadero tú nunca ha quedado manchado, sexualmente ni de ninguna otra manera. Tu verdadero ser permanece intacto tal como Dios te creó. Cuando te identificas con tu inocencia, te conoces tal como Dios te conoce.

LA JUSTIFICACIÓN DE LA FE

También podemos aprender del dilema de María cuando le tuvo que contar a José que iba a tener un hijo. ¡Qué noticia tan radical que dar a su prometido! Se nos dice que, inicialmente, José se sintió molesto, pero finalmente volvió para apoyar a María. Todos afrontamos situaciones en las que debemos dar a otros noticias sobre nosotros mismos, o sobre nuestras elecciones, que pueden resultar sorprendentes o difíciles de oír, y a las que pueden reaccionar con *shock* o resistencia. Pero María tenía que hacer lo que tenía que hacer. Ella confió en la anunciación y confió en Dios. Su fe quedó justificada cuando Jesús creció y cambió el mundo.

Las semillas de la visión superior que Dios planta en el útero de nuestra mente también cambiarán el mundo. Es posible que no cambien a las masas humanas, pero transformarán tu mundo. Las personas no se quedan en caminos fijados porque no reciben guía, sino porque no actúan a partir de la guía que reciben. En tus momentos de quietud, Dios ha hablado a tu corazón y te ha dado mensajes que, cuando los pones en acción, elevan tu vida y las vidas de aquellos a los que tocas.

Si no crees que has recibido guía, o te gustaría recibir más, simplemente siéntate en silencio y pide que se te muestre lo que has de hacer con tu día y con tu vida. Es difícil oír la voz de Dios cuando estás inmerso en dramas y distracciones. Pero incluso un pequeño esfuerzo por aquietarte y escuchar será recompensado. Es posible que en ese momento no oigas una voz estentórea procedente del cielo, pero la semilla plantada sin duda dará su fruto.

Cuando actúas a partir de la auténtica guía, no necesitas el acuerdo ni el apoyo de otras personas. Es agradable cuando llega, pero no es un requisito. La fe de María no dependía de la respuesta de José. Haces lo que tienes que hacer porque tienes que hacerlo, y esa es razón suficiente. Sin importar lo que hagas, algunas personas estarán de acuerdo contigo y otras te rechazarán. Incluso Jesús mismo, la más pura de las almas con la más noble de las intenciones, se encontró rodeado de detractores que se sentían amenazados por él y reaccionaron violentamente. Pero eso no le impidió completar su misión. Él fue perfectamente auténtico en su ministerio, tal como tú debes ser en el tuyo. Tu manera de vivir es tu ministerio, enseñando siempre con el ejemplo. Incluso si nunca has puesto el pie en una iglesia, afectas profundamente al mundo con tus pensamientos, palabras y actos. Nunca subestimes el valor de tu vida. Estás aquí para un propósito elevado y santo.

CONVOCAR A TU EQUIPO

Puesto que María forma parte de ti, puedes invocar su inocencia y su fe para que te saquen a flote cuando afrontes un desafío. Puedes convocar a cualquier personaje bíblico para evocar cualquier cualidad que desees desarrollar y manifestar. Puedes activar al liberador Moisés, la fe sólida como una roca de Pedro, o al innovador Abraham. No te detengas con las personalidades de la Biblia. Invita a la fiesta a san Miguel, el asesino de ilusiones, a san Francisco, el representante del mundo natural, y a Buda, maestro de la tranquilidad. También puedes convocar a los queridos gurús y mentores que te han tocado personalmente. Todas estas grandes almas son aspectos de tu propio yo. A medida que te enfocas en sus cualidades de carácter, les das realidad en tu experiencia. Tú ya *eres* todo lo que ves en ellos. Es hora de recuperar las nobles cualidades que hemos proyectado en personajes aparentemente externos, y de reclamar los atributos de Dios como propios.

María no tenía ni idea de adónde le llevarían las noticias del ángel. Y ni tú ni yo reconocemos las puertas que se abrirán cuando nos rindamos a nuestra llamada interna. La anunciación no es un único suceso que le ocurrió a una mujer escogida hace dos mil años. Es una comunicación continua entre la fuente de amor y toda la humanidad. Un momento de comprensión puede cambiar toda tu vida. Que María se enterara de que iba a dar a luz al niño Cristo fue el comienzo de una nueva manera de pensar a la que todos podemos acceder. La madre bendita no es un icono que ha de ser venerado. Es una energía que ha de ser encarnada. La María bíblica dijo "sí" a su llamada superior y tú también lo harás. El amor siempre encuentra un camino.

2

LA ESTRELLA, LA ESPADA Y EL SALVADOR

Cuando los astrólogos del rey Herodes le informaron de que un poderoso líder de los judíos iba a nacer bajo una nueva estrella en Judea, ordenó matar a todos los niños de menos de dos años. Esta no es la primera vez que oímos hablar de un edicto tan alocado en el drama bíblico. En el libro del Éxodo, cuando los consejeros del faraón le alertan de que un liberador del pueblo judío iba a aparecer de manera inminente, él ordenó matar a todos los niños. Fue entonces cuando la madre del bebé Moisés lo puso en una cesta de mimbre y lo lanzó al Nilo para salvarle la vida. Más adelante, en el Éxodo, después de que Dios hubiera enviado una serie de plagas a Egipto, Moisés amenazó al faraón diciéndole que, si no liberaba a los esclavos judíos, el primogénito de Egipto moriría, y los liberó.

Si la Biblia es una metáfora, como de hecho lo es, y todo lo que ocurre en la Biblia representa una dinámica dentro de nuestra propia experiencia, lo cual también es así, ¿qué hemos de aprender de estos actos salvajes?

En estas historias, el rey y el faraón representan al ego, la identidad basada en el miedo que gobierna nuestra experiencia mundana. El ego, aparentemente sofisticado y, sin embargo, abismalmente primitivo, notablemente poderoso, pero frenéticamente inseguro, opera a partir de un principio: *mantén el statu quo a toda costa.*

Las cosas, tal como son, parecen seguras porque son conocidas y controlables, aunque la situación sea horrible. De modo que el ego define todo cambio como amenazante, incluso el que nos libera. El ego, el rey Herodes y el faraón, gobiernan con temor porque son gobernados por el temor. *Fortifica el reino oprimido y deshazte de cualquiera o de cualquier cosa que lo amenace.*

Los infantes Moisés y Jesús representan el advenimiento de la conciencia superior; el emerger del despertar dentro de un mundo de disfunción masiva; rayos de luz en una mazmorra de oscuridad. Ambos personajes y las cualidades que representan nos libran de la tiranía de lo conocido y limitado. En el Éxodo, Moisés viene a liberar a la nación judía de siglos de esclavitud, que representan hábitos muy arraigados en formas de pensar negativas y derrotistas. En el Nuevo Testamento, Jesús viene a liberar al pueblo judío de una religión despótica y a sacar a la humanidad de las arenas movedizas de la culpa.

Los consejeros del faraón y de Herodes representan el intelecto, que interpreta todos los datos que le llegan en términos de si fortalecen o amenazan las defensas del yo. Si bien el intelecto puede servir como una guía útil cuando apunta a propósitos nobles, gobernado por el miedo puede incitar a la guerra y recurrir a la defensa y el ataque primales. Nada atemoriza más a los oscuros tiranos, como el faraón y Herodes, como que entre la luz. De modo que toman su herramienta preferida, la espada, y decretan que se ha de borrar cualquier semilla de cambio que pudiera socavar su gobierno despótico.

Sin embargo, en ambos casos, la protección de Dios y la marea del destino están con Moisés y con Jesús. Después de que la madre de Moisés le arrojara al Nilo, es rescatado por la hija del faraón, que lo adopta y lo cría como a un hijo. Así, a pesar de los frenéticos esfuerzos del faraón por librar a su reino de la insurrección, la crucial semilla del cambio queda plantada en su propio jardín trasero. La sabiduría del Espíritu lleva salvación al corazón mismo del lugar que más necesita transformar.

En la historia de Jesús, un ángel guía a María y a José a tomar al niño Cristo y huir a Egipto hasta que muera el rey Herodes. Cuando el ego se desboca, debemos refugiarnos en un santuario interno hasta que pase la locura y vuelva a ser seguro manifestar nuestra naturaleza espiritual.

Las dinámicas interpersonales de la Biblia se despliegan en la misma medida hoy que cuando la historia ocurrió originalmente. Los tiranos políticos son amenazados por las voces de la sabiduría y la libertad, de modo que las exilian, aprisionan, torturan y matan. Hitler puso en su diana a los judíos. El horrible dictador de Laos, Pol Pot, temiendo a los ciudadanos educados, ordenó matar a todos los habitantes de su país que llevaran gafas. En Estados Unidos, los chivos expiatorios han sido las personas de color, las minorías y las religiones poco familiares. Abraham Lincoln, John y Robert Kennedy, y Martin Luther King Jr. representaron el progreso social, que aterrorizaba a la gente de la vieja guardia, que tuvo que deshacerse de ellos. El no violento Mahatma Gandhi fue asesinado en India, como también lo fue Anwar Sadat en Egipto. Si bien estos actos oscuros fueron claramente políticos, su causa raíz es mucho más simple: al miedo le aterroriza la luz y trata de destruirla.

DESTRONAR AL TIRANO INTERNO

Dentro de tu propia vida, cuando das un paso adelante hacia una mayor libertad o autoexpresión, una voz dentro de tu cabeza trata de cortar tu avance. El Herodes interno se siente amenazado cuando sales del círculo de lo conocido, y te advierte de un castigo terrible si planteas un desafío a los patrones que te son familiares. Cuando tratas de dejar de practicar la religión de tu familia; de casarte con alguien del color, el género, la edad o el estatus social equivocados; de dedicarte a un trabajo menos prestigioso que el de tus padres; o de iniciar un negocio arriesgado, la parte atemorizada de tu mente se levanta como un león y grita: "¡No te atrevas a hacer eso! ¡El desastre es inminente!". Pero esa voz es una mentirosa. (Recomendado: la canción de Zach Williams *Fear is a Liar*, disponible en YouTube). El rey león acaba siendo el rey mentiroso.[2]

---

2. Aquí el autor hace un juego de palabras entre Lion King y Liar King. (N. del t.)

También hay un Moisés o un Jesús dentro de ti que está destinado a liberarte de la prisión. No grita ni chilla, como el tiránico faraón ni como el paranoico Herodes. Simple y calladamente, sabe que tú tienes una gran vocación, y te anima a confiar en ella. Cuando lo haces, se produce una transformación monumental.

UNA NUEVA ESTRELLA EN TU CIELO

La nueva estrella en los cielos del faraón y de Herodes simboliza el primer destello de luz, un heraldo de la curación que viene a soltar las cadenas de la humanidad oprimida y a liberarte de la opresión personal o grupal. La oscuridad no es para toda la eternidad; siempre hay un punto de inflexión en el que el alba se revela a sí misma. Las estrellas no causan nuestras experiencias; reflejan dinámicas internas. No hay autoridad en el espacio externo; lo que vemos a distancia solo refleja las configuraciones psíquicas del espacio interno.

Los tres reyes que vieron la nueva estrella y la siguieron hasta Belén representan los elementos sabios de tu intelecto que reconocen la divinidad. Los líderes inteligentes que siguen una estrella más alta que la política, y lo mismo hace el líder inteligente dentro de ti. A tu yo superior le interesa más elevar a la humanidad que conseguir fines egoístas. Los reyes mundanos dejan sus regalos en el altar a un Rey más elevado; entonces el ego, una vez domesticado y entrenado, se convierte en un servidor de la luz.

Algo dentro de ti está siempre trabajando hacia la luz. Los tres reyes tuvieron que cruzar las fronteras del rey Herodes para llegar a Belén. Asimismo, el Espíritu dentro de ti debe pasar por alto las fronteras del ego para completar su misión. En último término, el ego no puede detener al Espíritu porque su poder es real y la autoridad del ego es falsa.

Todas las fronteras políticas son falsas y fabricadas. Si miras la Tierra desde el espacio, no ves líneas impresas que separen un país de otro. Nos inventamos historias de nacionalidad y todas ellas carecen de espiritualidad. En el cielo no hay pasaportes. Cuando estás dentro, estás dentro, y nadie necesita mirar un papel para verificar que ese es el lugar que te corresponde.

*****

El mundo nunca ha tratado con bondad a los individuos que reclaman una identidad divina. El miedo gobierna a la humanidad más que el amor. Sin embargo, tal como las pequeñas hojas de hierba crecen y consiguen desencajar un enorme bloque de cemento de la acera, la visión maneja un poder del que la negación carece. El gobierno del ego, como el de Herodes, acabará fracasando. Él fue un loco que murió. Cristo es un espíritu cuerdo que vive. No confundamos lo temporal con lo eterno. Uno aprisiona mientras que el otro libera. Los gobernantes narcisistas vienen y van, pero el amor perdura para siempre. Cuando las ilusiones se derrumban, solo queda la verdad. La estrella y la espada dan lugar al salvador, la parte de tu mente que te despierta de los sueños oscuros y recupera tu misión de traer luz a un mundo profundamente necesitado de curación.

3

LA CUEVA TRANQUILA

José y María, quien estaba ya embarazada de nueve meses, viajaron a Belén para realizar el censo que requería que todos los ciudadanos de Judea volvieran a sus hogares para ser contados. Esta peregrinación simboliza que debemos retornar a nuestra Fuente para extender la luz dentro de cada uno de nosotros. Nuestro hogar no es una localidad geográfica; pertenecemos a una dimensión superior. Si sientes que no encajas en el mundo, es porque en verdad no encajas. En realidad, nadie lo hace. El mundo es más como un internado que como una residencia familiar. Todos hemos caído en la ilusión de que somos terráqueos en lugar de ángeles. Solo estamos de visita en este planeta.

Hubo un tiempo en el que estabas en paz contigo mismo y eras uno con Dios. Existías sin miedo, dolor, mancha ni tensión. Entonces, el mundo te invadió, y te olvidaste de dónde venías. Cuanto más te alejas de tu Origen, más ganas sientes de regresar. Somos como el niño de cuatro años que se inclinó sobre la cuna de su hermano pequeño y le rogó: "Por favor, háblame de Dios. Estoy empezando a olvidarme". Nosotros también retenemos el recuerdo de nuestro verdadero hogar, y anhelamos recuperarlo.

José y su familia tuvieron que volver a su hogar para ser contados, y asimismo tú debes encontrar el camino de vuelta a tu estado original. Tienes que estar donde cuentas. Identifícate con cómo Dios te creó, no con lo que el mundo ha hecho de ti. El nombre hebreo Belén significa "la casa del pan", y simboliza el lugar de la nutrición fundamental. El pan de la vida física es el grano. El pan del alma es espíritu.

NO HAY SITIO EN LA POSADA

En la atestada Belén, José y María no pudieron encontrar una habitación en la posada. Esta situación simbólica es tan real a día de hoy como cuando María estaba de parto. El mundo no tiene espacio para la energía de Cristo. Nuestros días están repletos de sustitutos del amor y de distracciones de la curación. Noticias que agotan el alma, ajetreo inconsciente y circuitos de pensamiento negativo abruman la quietud interna, apartándola de nuestra experiencia. Después de años de programación social, el ruido incesante dentro de nuestra cabeza parece normal. De modo que lo aceptamos y no hacemos sitio para la paz. Entre tanto, una parte de nosotros sabe que tiene que haber más en la vida que lo que hemos estado viviendo.

Las habitaciones de hotel llenas representan las cámaras de tu mente ocupadas por el miedo, la culpa, la obligación, la tensión y por objetivos insatisfactorios. Piensa en tu mente como en un disco de ordenador lleno de datos. En un momento u otro todos hemos recibido el mensaje de que el disco está lleno. Entonces has borrado datos viejos e irrelevantes para hacer sitio a la información nueva y más útil. El mundo no hace espacio para la paz. Si realmente quieres curación, tendrás que encontrarla en otro lugar distinto del que ocupan las masas.

EL NACIMIENTO ES VIABLE EN UN PESEBRE

Cuando José y María no encontraron habitación en el Belén atestado, una mujer magnánima les guió a una cueva justo a las afueras de la ciudad. Se nos dice que el lugar era un pesebre, suavizado por la paja y rodeado de animales amistosos. La escena te es familiar.

El Hijo de Dios no nació entre la pompa y el brillo, sino en la simplicidad y en la humildad. El Cristo dentro de nosotros no busca ni le importa la fanfarria del mundo; la calidad de vida es más importante que el ascenso social. En último término, el ego debe renunciar a sus exigencias y dejarse guiar por valores más nobles. ¿Realmente tienes que luchar por lo que crees que necesitas? ¿O puedes confiar calladamente en que tu buena voluntad se mostrará de la manera perfecta y en el momento perfecto, mientras te relajas y dejas tu bienestar en manos del Poder Superior que te ama y cuida de ti?

Resulta difícil conservar la paz interna cuando estamos atrapados en los juegos de poder del mundo. Por eso, por desgracia, muchos personajes célebres mueren jóvenes por cualquier adicción, o son asesinados, o se suicidan. Acceden a grandes cantidades de dinero, fama, compañías cariñosas, oportunidades sexuales, y a personas que solo buscan lo que puedan obtener de ellos. Muy poca gente tiene la fuerza de carácter para gestionar tal avalancha de atenciones e influencia. Solo un puñado de personas en Hollywood o en la política tienen la madurez suficiente para mantener la cabeza por encima de aguas tan turbulentas. Abraham Lincoln dijo: "Casi todos los hombres pueden soportar la adversidad, pero si quieres poner a prueba el carácter de un hombre, dale poder".

Cuando Jesucristo alcanzó la edad adulta, conservó la humildad que caracterizó su nacimiento. Recordó: "No soy yo, sino el Padre dentro de mí quien hace el trabajo". Jesús tenía claro que él era una vasija a través de la cual la Fuente vertía bendiciones al mundo. Esto es estar vacío de ego y debemos adoptar este estado si queremos ser profesores, líderes o sanadores, y evitar las trampas en las que tantos de ellos caen.

EL NACIMIENTO DE UNA NUEVA CONCIENCIA

El nacimiento de Cristo es más un suceso en la conciencia que una ocurrencia física. Cristo no estaba ausente y después se hizo presente. Cristo está siempre aquí. El cuerpo viene y va, pero el Espíritu es eterno. El nacimiento físico de Jesús representa nuestra aceptación de la presencia del amor, el reconocimiento inicial de Dios como nuestro verdadero Ser.

La pequeña mente, que crece en la ilusión del tiempo y la refuerza, nos engaña haciéndonos creer que el nacimiento de Cristo ocurrió en un momento específico a lo largo de una extensa línea de tiempo de la que estamos separados por dos milenios. Esto solo es verdad en el nivel más superficial de la enseñanza bíblica. La Navidad es un evento continuo que brilla mucho más allá de las vacaciones, e incluso de la cristiandad. Todas las religiones celebran la luz como un símbolo de la presencia de Dios en el mundo. *Hannukah* es la llama que arde dentro de ti, mucho más allá de los límites que el tiempo impondría. *Diwali,* la fiesta que celebran los hindúes, los jainas y los sikhs, representa la victoria de la luz sobre la oscuridad. Los budistas honran el nacimiento de Buda, cuyo nombre significa "el iluminado". En último término, todos los caminos espirituales nos conducen de la noche al día, de la ilusión a la verdad, del sueño al despertar. Jesús y otros maestros espirituales no están en algún lugar ahí fuera. Están aquí dentro, por todas partes.

VOLVER A CASA A LA TOTALIDAD

Dios no vino al mundo una vez como bebé. Dios viene al mundo a través de cada bebé. Si puedes ver a Cristo en los ojos de un niño —de cualquier hijo de Dios— vuelves a vivir la natividad. Si puedes ver a Cristo en tus propios ojos, vuelves a vivir la resurrección.

Si reconoces en Jesús a Dios caminando por la tierra como un hombre, estás aceptando que Dios también camina sobre la tierra a través de ti. Cristo te implora que no te separes de él ni consideres su historia como distinta de la tuya. Son una y la misma. Jesús no busca devotos, sino iguales. Si ves a Dios en Jesús pero no en ti, te has perdido la esencia de su enseñanza. Entramos en el cielo juntos de la mano o no entramos en absoluto.

Cuando contemplas la Biblia menos como una historia y más como un diario personal, las figuras de la Biblia dejan de ser personajes y se convierten en *características* tuyas. Lo mismo ocurre con todas las historias que contemplas y que parecen estar fuera de ti, pero que en realidad son reflejos de las corrientes subterráneas de tu psique. Tú no estás en el mundo. El mundo está en ti. La estrella, la espada y el salvador son aspectos de tu propia psique. Cada suceso de la Biblia, de tus sueños y de tu vida es una invitación a reclamar tu plenitud. La Biblia es un espejo. Cuando podemos mirar al espejo y ver a Dios, tenemos la visión que se puso en la Biblia para que la alcanzáramos.

4

EN LA CASA DE MI PADRE

Cuando Jesús tenía doce años, sus padres lo llevaron a Jerusalén, donde se extravió y lo perdieron de vista. José y María lo buscaron ansiosamente sin resultado durante tres días. Finalmente lo hallaron en el gran templo, enseñando a un grupo de eruditos. Hablaba con tal autoridad que los sabios estaban asombrados.

Sus padres se acercaron y le preguntaron:

—¿Por qué nos has tratado así?

—¿No sabíais que tenía que estar en la casa de mi Padre? —respondió él.

Esta pregunta incisiva nos lleva al tercer nivel de comprensión de la Biblia: el **transpersonal,** la dimensión espiritual que va más allá de los planos físico y psicológico. Jesús fue lo suficientemente atrevido como para decir a sus padres que su Padre real era Dios. Asimismo, tus padres físicos no son tus padres originales, ni tus hijos son tuyos. Los padres terrenales representan el papel de Dios, pero nuestra verdadera Fuente se eleva muy por encima de la genética. Nuestra identidad divina sobrepasa el cuerpo, la personalidad y el condicionamiento cultural. Nuestros atributos reales son los del Espíritu.

¡Hay mucho más en nosotros de lo que el mundo reconoce! Yoda, de *la Guerra de las Galaxias,* dijo sabiamente que somos seres luminosos, no materia cruda. Hemos sido creados a imagen y semejanza de un Dios perfecto, todopoderoso e infinitamente amoroso. Cualquier identidad menor no nos cuadra.

Muchos cristianos creen que Jesucristo fue el único hijo de Dios, y que el resto de nosotros somos miserables pecadores expulsados del reino que Cristo proclamó. Nada podría estar más lejos de la verdad. Jesús no fue una excepción con respecto al destino de la humanidad; él fue su *cumplimiento*. Él no es un superior que tenga que ser idolatrado, sino un modelo del potencial que todos tenemos. Jesús es nuestro hermano mayor, que ha recorrido el camino a la liberación que todos recorremos y ha creado un mapa del camino para que nos unamos a él. Ahora él se queda un rato para mostrarnos el camino de salida de este mundo infernal que hemos fabricado. Extiende su mano para elevarnos al lugar que nos corresponde a su lado. Cristo anunció: "Cosas aún más grandes que yo vosotros haréis". Si somos menos que Cristo, ¿cómo podríamos realizar actos más grandes que él?

¿QUIÉN ESTÁ VERDADERAMENTE LOCO?

La misma declaración que da entrada a la humanidad en el reino de los cielos es la que hizo que crucificaran a Jesús. Los ancianos hebreos se sintieron severamente amenazados por su afirmación de que era el hijo de Dios, tal como muchos tienen miedo a día de hoy si alguien dice lo mismo. Si has subido al púlpito de una iglesia o sinagoga, si has llevado puesta una insignia con tu nombre en una reunión de negocios, o si has ido a una cena familiar y has proclamado: "Soy el santo hijo —o hija— de Dios", es posible que se burlen de ti, que te eviten o que se alejen. Declarar que eres uno con Dios es la blasfemia última en el reino del miedo. Las personas comprometidas con la miseria se sienten amenazadas por el amor. Pero la miseria ya tiene suficiente compañía. El amor necesita más.

Si crees que eres el *único* hijo de Dios, también estás engañado. Todos somos igualmente Dios, y ninguno encarna una santidad superior. En 1959, un manicomio en Ypsilanti, Michigan, albergaba a tres pacientes que decían ser Jesucristo. En un experimento astuto, el psicólogo social doctor Milton Rokeach juntó a los tres para averiguar qué les pasaría al encontrarse entre ellos. En su libro *Three Christs of Ypsilanti,* Rokeach comentó que los pacientes "confrontaron la contradicción última que se puede concebir para el ser humano: más de una persona reclamando la misma identidad". ¿Cuál fue el resultado? Cada uno de los *Cristo* pensó que él era el único salvador y discutió con los otros dos.

Sin embargo, el comentario del psicólogo es tan revelador como la experiencia misma. Él creyó que solo una persona podía ser el Cristo, lo que hace que esté tan engañado como sus pacientes. En realidad, *más que ellos*. Al menos, los tres pacientes tenían la sensación de que ellos podían ser el Cristo. Rokeach creía que él no podía. Generalmente se asume que las personas que declaran ser Dios están locas. Sin embargo, las personas que declaran no ser Dios están más locas. El cuerpo, la personalidad o el ego no son Dios. El Espíritu que brilla a través de nosotros lo es.

EL MEJOR AMANTE DEL MUNDO

En la brillante película *Don Juan de Marco*, un joven que está cerca del suicidio afirma ser Don Juan, el mejor amante del mundo. Es aprehendido, institucionalizado y asignado a un psiquiatra cuya vida está vacía de pasión. Mientras el psiquiatra trata de librar al paciente de su identidad de fantasía, se da cuenta de que Don Juan está viviendo una vida mucho más rica que la suya. Con el tiempo, la vitalidad del paciente se infiltra en la psique del psiquiatra, y el anciano recupera la alegría, resucitando su largo e insatisfactorio matrimonio. Finalmente, el psiquiatra se convierte juguetonamente en discípulo de Don Juan, y se une a él como uno de los mejores amantes del mundo.

Podríamos decir que, hablando espiritualmente, Jesús fue el mejor amante del mundo en el sentido de que trajo al mundo un amor que transciende con mucho lo que la mayoría de la gente llama amor. Él nos dijo: "Yo te he amado con un amor imperecedero". La mayor parte del "amor" no es imperecedero. Es condicional. "Si construyes tu mundo a mi alrededor, te amaré". "Si estás de acuerdo conmigo en cuanto a cómo criar a los niños, te amaré". "Si te unes a mi religión, te amaré". Entonces, en el momento en que la otra persona no cumple con nuestra expectativa, el "amor" sale por la ventana. Lo que parecía ser amor era una necesidad ficticia basada en la idea errónea de que estamos vacíos y somos carentes.

Cuando amamos como lo hizo Jesús, nos unimos a él como los mejores amantes del mundo. Cristo no busca discípulos. Busca iguales. El objetivo del mesías místico no era glorificarse a sí mismo. Era elevar a su gente para que compartamos el terreno más elevado sobre el que él caminaba.

Me gusta ver vídeos de Bob Ross, el amable artista que durante muchos años dio una clase de pintura muy popular en la televisión pública. Me asombraban los increíbles paisajes que Bob creaba durante su programa de veintiséis minutos. Si alguna vez hubo un ejemplo del Espíritu transmitiendo grandeza al mundo a través de un alma abierta y un corazón bondadoso, ese fue Bob Ross.

Un comentario sobre Bob que colgó un usuario de YouTube me llamó la atención: "Él no pintaba para mostrar que era un gran pintor. Pintaba para que tú pudieras ver que podías convertirte en un gran pintor".

Jesucristo no caminó sobre la Tierra para demostrar lo especial que era y lo lamentables que somos los demás. Su misión no era convertirse en la estrella de la película. Su misión era convertir una película de miedo en la mayor historia de amor jamás contada, y darnos a todos el papel protagonista.

TU VERDADERA FAMILIA DE ORIGEN

La afirmación de Jesús sobre la paternidad de Dios da un giro al significado de "familia de origen", que generalmente hace referencia a la familia biológica en la que naciste. Nuestro verdadero origen se remonta mucho más atrás que el nacimiento del cuerpo. El comienzo de tu cuerpo no fue tu comienzo y el final de tu cuerpo no será tu final. Tu naturaleza espiritual se extiende mucho más allá de estos límites arbitrarios. El verdadero tú nunca nació y nunca morirá. Tu verdadero ser es eterno. "Lo que nace de la carne es carne. Lo que nace del espíritu es espíritu". Tu cuerpo nació de la carne. Tu alma tiene una fuente y un destino mucho más vastos.

Un estudiante que había sufrido abusos de niño, y se sentía atascado en ese patrón, le dijo al maestro espiritual Abraham:

—No le puedes enseñar nuevos trucos a un perro viejo.

A lo que Abraham replicó:

—No tienes ni idea de hasta qué punto eres un perro viejo.

Tu verdadero ser va mucho más profundo y es mucho más fuerte que cualquier programación que hayas recibido de niño. Tu naturaleza espiritual puede superar cualquier experiencia humana. La psicología opera en el nivel de la personalidad; el Espíritu penetra hasta el alma. Cuando reconocemos y reclamamos nuestra identidad divina, adquirimos la capacidad de sanar cualquier condición adversa, sea psicológica o física.

OCÚPATE DE TUS ASUNTOS

En algunas traducciones bíblicas, cuando le encontraron en el templo, Jesús dijo a sus padres, a quienes había abandonado:

—Tenía que ocuparme de los asuntos —o negocios— de mi Padre.

Esto arroja una luz completamente distinta en lo que denominamos "asuntos o negocios". Muchos nos sentimos presionados o abrumados por nuestro trabajo, incluso somos adictos a él. Damos vueltas y resoplamos en la rueda de hámster, repitiendo una rígida rutina diaria sin apenas avanzar. Como resultado, nos estresamos, nos deprimimos o caemos enfermos. Esto se debe a que lo que llamamos "nuestros asuntos" no son nuestros verdaderos asuntos. Nuestra verdadera vocación es vivir desde el espíritu. Cualquier actividad que incrementa nuestra alegría está en armonía con nuestro destino. Cualquier actividad que anule la alegría va en contra de nuestro propósito. Tu misión en la vida no son los logros materiales; tu misión es un estado mental.

Involucrarse en los asuntos del mundo no nos impide atender a los asuntos de nuestro Padre. Tu trabajo diario puede servir de camino para bendecir y sanar. Una cafetería cerca de mi casa ofrece cada mañana desayuno gratuito a los sin techo. En Saint Louis llamaron a un policía desde un supermercado Walmart para detener a una mujer a la que habían pillado robando. Cuando el policía se enteró de que la mujer vivía en un coche con sus cuatro hijos, entró en el supermercado y compró comida para su familia. Muchos profesores, atados por los bajos presupuestos de las escuelas, compran materiales de su bolsillo para los alumnos. Un empleado de un restaurante de comida rápida vio que una de sus clientes estaba llorando, y ella le explicó que su marido acababa de morir la noche anterior. El empleado llamó a la gente de la cocina y todos compartieron un momento de oración por esta mujer. Nuestro puesto de trabajo no es una excepción para aplicar la enseñanza de Jesús de recordar a Dios; más bien, es donde plasmamos esta enseñanza.

LA UBICACIÓN SECRETA DEL GRAN TEMPLO

Cuando Jesús pregunto a María y José: "¿No sabíais que tenía que ocuparme de los asuntos de mi Padre?", ¿estaba indicando que el gran templo de Jerusalén es la casa de Dios? ¿O la verdadera casa de Dios es el Vaticano, la Meca, el árbol Bodhi, la Gran Pirámide de Giza, el Templo del Sol en Machu Pichu, la roca de Ayer o los vórtices de Sedona? Es todos los anteriores y ninguno de ellos. El gran templo habita *dentro de* nosotros. Llevas el templo contigo dondequiera que vas. La iglesia de Dios no se limita a una ciudad, un edificio, o un montículo. Es un estado de conciencia en el que entras a través de la puerta de un corazón puro. El místico y poeta persa Kabir dijo: "Dondequiera que estés es el punto de entrada".

La primera enseñanza de Jesús fue su enseñanza última. Debemos encontrar nuestro camino al templo interno y ocuparnos del asunto que nos aporta una verdadera recompensa. El mundo nos reprenderá cuando no nos pleguemos a sus exigencias, pero no podemos permitirnos permanecer en un lugar que no es nuestro lugar. José y María consideraron que Jesús se había perdido cuando se alejó de las actividades diarias de la familia, pero en realidad había sido hallado. Asimismo, tu familia o tus amigos pueden considerarte perdido cuando dejas de interesarte por los objetivos y actividades que les son más queridos. En algún punto, las baratijas del mundo pierden su brillo. Tú valoras vivir de acuerdo con tu guía más que justificar tu existencia ante personas inseguras. Es posible que tu familia trate de influir en ti para que tengas un trabajo seguro, para que te compres esa casa cara en un vecindario elegante, o para que renuncies a tus absurdas prácticas. Sin embargo, una vez que has experimentado una realidad mayor, la realidad menor pierde su atractivo. El genio ha salido de la botella y ya no puedes meterlo de nuevo. El mundo no es asunto tuyo. El cielo, sí.

5

LOS AÑOS PERDIDOS

El Nuevo Testamento relata la vida de Jesús hasta que tenía doce años, y después salta hasta que Jesús comienza su ministerio a los treinta. ¿Qué hizo Jesús durante esos dieciocho años cruciales? ¿Trabajó de carpintero? ¿Practicó la religión judía? ¿O estaba, como algunos afirman, inmerso en un intenso entrenamiento esotérico con el fin de prepararse para el descomunal papel que iba a asumir?

Hay mucha especulación, sustentada por cierta cantidad de evidencias, de que Jesús viajó más allá de la tierra de Judea para estudiar con maestros metafísicos asociados a las antiguas escuelas de misterios. Algunos historiadores dicen que viajó a Egipto, otros citan viajes a India y Tíbet, y otros sugieren que estuvo con los esenios, una secta de personas retiradas del mundo que trataban de vivir según el espíritu de la ley en lugar de laborar bajo su letra.

Si la vida de Cristo simboliza nuestro propio viaje —tal como lo hace—, para entender sus años "perdidos" debemos considerar una fase de la vida en la que nosotros también desaparecemos del mundo que hemos conocido, y establecemos una nueva vida en una frecuencia más alta. El sendero que el mundo prescribe para ti no es tu destino último. Hay una dimensión más elevada que te ofrecerá mayores recompensas. Si bien es posible fundir la vida física con la espiritual, al comienzo de la exploración del alma debemos distanciarnos de los propósitos mundanos y sumergirnos en las profundidades internas.

Esta corrección crucial del curso a menudo toma la forma de un cambio en el estilo de vida. Es posible que dejes el trabajo, que abandones tu relación, que establezcas cierta distancia de tus parientes disfuncionales, o que te traslades a otra ciudad. Podrías purificar la dieta, empezar a hacer yoga, o desarrollar tus habilidades de curación. Puedes estudiar con un maestro espiritual, unirte a una comunidad, o retirarte a un ashram o santuario natural. Mientras que algunos llaman a este paso tan lleno de propósito "abandono o desvinculación del mundo", en realidad estás "entrando" o "contactando". Estás movilizando cambios físicos al servicio del avance espiritual.

El cambio *horizontal* te hace ir de un trabajo que no te gusta a otro que tampoco te gusta, o de una relación dolorosa a otra, o de una situación de vida insatisfactoria a otra. Pero el movimiento geográfico no asegura el avance espiritual. Ernest Hemingway dijo: "Nunca confundas el movimiento con la acción". El simple hecho de hacer algo no significa que estés llegando a alguna parte; buena parte de la actividad mundana consiste simplemente en el girar de unas ruedas que no se mueven del sitio.

El cambio *vertical* asciende a un nuevo estado mental. El verdadero viaje es un viaje en la conciencia. La trama mundana es el guion, la *historia*. La trama espiritual es una línea que nos lleva a la *gloria*. Nos involucramos en ambas tramas al mismo tiempo. Al final, las actividades mundanas retornan al polvo. Sin embargo, las lecciones que aprendemos a lo largo del camino permanecen con nosotros para siempre.

El tiempo dedicado a retirarse es una de las maneras más directas de alinearte con el espíritu. Para dominar el mundo tienes que desaparecer del mundo. No desapareces en el olvido, sino que entras en un reino más sustancial e invisible para el mundo. No estás perdido en tu vida, sino ganando una vida mayor. Jesús dijo: "Quien quiera salvar su vida la perderá, pero quien pierda su vida en mi nombre la encontrará". Este es el ejemplo perfecto de cómo una interpretación estrictamente literal de la enseñanza de Jesús se queda corta con respecto al significado que él trataba de transmitir. Él no exigía la muerte física de sus seguidores, sino que soltaran la vieja manera de vivir para dejar sitio a otra nueva y mejor. Cuanto más te aferres a una vida que ya has superado, más energía disiparás. En cambio, cuanto más recorras tu auténtico camino espiritual, como Jesús recorrió el suyo, más aumentará tu energía. No estás renunciando a nada para ganarlo todo.

Todos los grandes maestros espirituales se retiraron para poder conectar con una guía superior. Jesús se fue al desierto durante cuarenta días. Cuando Moisés fue exilado de Egipto, deambuló por el desierto durante muchos años antes de encontrar a Dios en el Monte Sinaí. Mahoma se retiró a una cueva en la montaña, donde recibió el Corán. Como estos gigantes espirituales, no encontrarás a Dios entre el ajetreo y las distracciones del mundo. Un lugar más sereno revela el camino al cielo.

LA DEVOLUCIÓN DEL REGALO

El mitólogo Joseph Campbell dibujó el mapa del "viaje del héroe" que todos emprendemos. Una comprensión sorprendente o un suceso inesperado te desencajan de la vida que conoces, e inicias la búsqueda para superar tu reto o ganar la iluminación. Reúnes aliados, encuentras enemigos y te sometes a diversas pruebas. Finalmente, conquistas tus miedos y reclamas la perla de gran valor: un estado de conciencia superior.

Pero el viaje no acaba ahí. Una vez que has adquirido un gran aprendizaje, debes volver para compartir tus comprensiones con otros que están en una etapa anterior del camino que tú has hollado. El Santo Grial no es un cáliz físico. Es la sabiduría que adquieres al superar la adversidad o vivir un despertar sorprendente. Este es tu regalo y tu legado a la comunidad. Los verdaderos maestros no adquieren sabiduría y desaparecen. Vuelven para ayudar a otros.

Jesús tuvo que volver de su retiro de dieciocho años porque tenía una misión que cumplir. Su desaparición no habría tenido sentido sin una reaparición. Lo mismo ocurre con tu viaje. Debes extender a otros lo que has ganado. Nunca aprendemos solo para nosotros mismos. *Un curso de milagros* nos recuerda: "Cuando me curo, no soy el único que se cura". Tu despertar no es solo para ti; es para muchos.

Si has vivido un problema de salud, la ruptura de una relación, una situación de abuso o una crisis económica, esa prueba puede dejarte fuera de la circulación durante un tiempo. Debes encerrarte en tu caparazón para reagruparte y sanar. No obstante, toda la experiencia conduce a que acabes ofreciendo un mayor servicio. Tu ausencia del mundo te conduce a una mayor presencia en el mundo.

Si deseas desarrollar las cualidades de tu Ser, usa el tiempo en el que estás "abajo" para energizar el tiempo en el que vas a estar "arriba". Aléjate para poder dar un paso más arriba. Nadie sabe exactamente qué hizo Jesús durante esos años en los que estuvo "perdido", pero hay una cosa segura: estaba usándolos para ser hallado. Nada de tu tiempo se pierde. Cada momento conduce a algo mejor. Cuando estamos en las trincheras, resulta difícil ver cómo encajan las experiencias difíciles dentro del gran cuadro. Pero encajan. Como Jesús y otros héroes espirituales, tú también retornarás con un regalo para un mundo que espera.

6

UNA VOZ EN EL DESIERTO

Lo primero que oímos sobre Jesús después de la misteriosa interrupción de los años perdidos es su encuentro con Juan Bautista, un apasionado profeta que limpiaba con agua a las masas de penitentes de Judea. En cierto momento, Jesús se acercó a Juan, se puso de rodillas en las orillas del río Jordán, y le pidió ser bautizado. Juan reconoció a Jesús como el mesías y le dijo:

—Soy yo quien debería venir a ti para ser bautizado.

Jesús replicó:

—Que sea así por ahora, pues debemos hacer todo lo que Dios requiere.

La reticencia de Juan a bautizar a Jesús simboliza la parte de tu mente que duda de desempeñar un papel clave para dar la entrada en el mundo a Cristo. La respuesta de Jesús te recuerda que tienes un destino divino, una avenida para que Dios esté presente con nosotros.

El bautismo es mucho más que un acto físico. Debemos lavar las viejas, limitantes e incrustadas creencias antes de poder entrar en un mundo más expandido. Más adelante, Jesús dijo: "Debes volver a nacer antes de poder ver el reino de Dios". Este renacimiento es el resultado de un cambio de percepción. El poeta visionario William Blake dijo: "Si se limpiaran las puertas de la percepción, cada cosa aparecería ante el hombre tal como es, infinita". Volver a nacer significa convertirse en una persona nueva porque estamos eligiendo tener nuevos pensamientos. El verdadero bautismo es una experiencia transpersonal en la que se aclaran las creencias y las experiencias erróneas, dejándonos con el claro reconocimiento de nuestra inocencia original.

EL PODER DE UNO

Juan Bautista vivía retirado en el desierto, sobreviviendo de langostas y miel silvestre. Él era el renunciante original. Cuando los perplejos habitantes de Judea le preguntaron quién era, él respondió:

—Soy la voz que clama en el desierto.

Juan representa la porción de la humanidad que ha despertado y llama a mover a sus hermanos dormidos. Si bien todas las personas encarnan lo divino, solo una porción de la humanidad se da cuenta de ello. La mayoría de las mentes están consumidas por el miedo, el caos, el desastre, la condenación y la muerte. El mundo es un desierto de seres extraños, y pocas voces anuncian una realidad más verde y frondosa.

A nivel intrapersonal, Juan representa la voz dentro de ti que grita la verdad en medio del extenso desierto de las ilusiones. Si bien todo tipo de voces hablan en tu cabeza, y muchas de ellas son negativas, hay una de ellas que representa la cordura. El objetivo de tu camino espiritual —y de tu vida entera— es recordar tu identidad espiritual y vivir tu propósito divino. Pero primero debes superar la tentación de creer que eres carente, que eres indigno o que estás condenado al fracaso. Cuando oyes y sigues a un maestro interno, encuentras un solaz que nada en el mundo puede ofrecer.

Un curso de milagros promete:

> En los descansos que tomas hoy cada hora, una mente fatigada de repente se alegra, un pájaro con las alas rotas rompe a cantar y un arroyo por largo tiempo seco mana de nuevo. El mundo renace cada vez que descansas y que recuerdas cada hora que viniste a brindarle la Paz de Dios al mundo a fin de que pudiese descansar junto contigo.

Juan Bautista no es un remoto personaje bíblico. Su esencia vive dentro de ti, exhortándote a reclamar tu destino divino. La famosa exhortación de Juan es "arrepiéntete". Como muchos de nosotros hemos sido intimidados por predicadores bíblicos y molestos proselitistas, podemos tender a desconectar al oír esta palabra. Pero si conoces su origen, la palabra tiene sentido y se vuelve atractiva. Se deriva del griego *metanoia,* que significa "un cambio de mentalidad". Arrepentirse es alejarse de la creencia de que eres un pecador culpable, y recordar que eres inherentemente puro y absolutamente amado por tu Creador. Tu sanador interno revela el oro espiritual dentro de ti. No estás aquí para cambiar el mundo. Estás aquí para cambiar de mentalidad con respecto al mundo. Una actualización de tu visión conseguirá lo que el esfuerzo ansioso no puede.

LUZ EN LA OSCURIDAD

Cuando Juan reconoce a Jesús entre la multitud de personas normales, representa la parte de ti que es consciente de tu verdadero yo, y del de otros, alzándose en medio de una multitud de extras deslucidos. Los impostores son las falsas identidades que hemos aceptado: nuestra sensación de pequeñez, de limitación, de vulnerabilidad y de culpa. Incluso cuando estos impostores reclaman nuestra atención y exigen que escuchemos su realidad, nuestra perfección interna brilla.

Cuando aceptas tu plenitud, reconoces la plenitud de todos. La iluminación es para todos. Todo el mundo está incluido, nadie se queda fuera. La visión que Juan Bautista empleó para reconocer a Jesús es la misma que nos permite reconocer al Cristo dentro de nosotros y de otros. El verdadero *ver* viene cuando usamos los ojos del Espíritu. Todas nuestras experiencias en la vida dependen de la visión que usemos.

OTRA VOZ EN EL DESIERTO

Antes de comenzar su ministerio, Jesús se retiró al desierto, donde ayunó y rezó durante muchos días. En ese tiempo se nos dice que el diablo le presentó tres tentaciones. El diablo no es un hombrecillo rojo, medio animal, con barba y cuernos de chivo, con la cola en punta y un tridente. Lo que la gente llama "el diablo" es más como la idea budista de *maya*, una ilusión. No hay dos poderes en el universo. Hay un poder: Dios. Sin embargo, podemos tomar el poder que Dios nos ha dado para crear con nuestra mente, y después pensar pensamientos erróneos y fabricar experiencias que nos hagan sufrir. El diablo solo es una manera equivocada de pensar. Derrotamos al diablo reemplazando los pensamientos erróneos por una verdad superior.

Cuando Jesús tuvo hambre, el tentador le dijo:

—Si eres el hijo de Dios, convierte estas piedras en pan.

Jesús replicó:

—No solo de pan vive el hombre, sino de toda palabra salida de la boca de Dios.

Estaba afirmando que somos seres espirituales más que materiales. El alimento solo no nos sustentará. Nuestra verdadera nutrición es nuestra conexión espiritual.

A continuación, la voz de la ilusión retó a Jesús a lanzarse desde el punto más alto del templo y ordenar a los ángeles que le cogieran. Jesús respondió:

—Está escrito: no pongas a prueba al Señor tu Dios.

Jesús estaba afrontando al diablo temerario original. La lección es simple: no hagas cosas estúpidas para demostrar que eres espiritual. Sé listo. La espiritualidad real es tan práctica como visionaria.

Finalmente, el astuto llevó a Jesús en una visión a una montaña elevada y le mostró todos los reinos del mundo en su gloria.

—Todo esto puede ser tuyo si me adoras —le prometió.

Esta es tal vez la más identificable de las tentaciones, parecida a Darth Vader tratando de coaccionar a Luke Skywalker para unirse al lado oscuro de la Fuerza. Buscar la gloria mundana es un modo de adorar al diablo. Cuando das tu poder a amasar cosas, al reconocimiento social, al poder y la fama, puedes tener un viaje muy duro. El brillo del mundo pronto se disipa, y con él se forjan los barrotes de una jaula de oro. Jesús respondió:

—Adora a Dios y sírvele únicamente a Él.

No puedes tener fe al mismo tiempo en el Espíritu y en las cosas. Puedes tener cosas y disfrutarlas, pero no puedes permitir que gobiernen tu vida. Solo la Fuente de todas las bendiciones merece nuestra reverencia.

Este escenario es otra demostración perfecta de la naturaleza intrapersonal de la Biblia. Todas estas tentaciones ocurrieron *dentro* de la mente de Jesús. No estaba luchando contra una persona ni contra una fuerza externa. Estaba afrontando creencias en su propia psique. Y lo mismo nos ocurre a todos nosotros. Mientras parecemos estar batallando con entidades externas, en realidad estamos lidiando con dinámicas internas. Todo el viaje espiritual ocurre dentro.

CUANDO LOS REBELDES SE CONVIERTEN EN HÉROES

Las voces que suenan en el desierto, como la de Juan Bautista o la de Jesús superando a *maya*, la ilusión, suelen ser ridiculizadas, evitadas o crucificadas. Sin embargo, una vez que las masas terminan de reírse, de rechazarlas y de destruirlas, sus ideas arraigan y son glorificadas. Los descastados de una generación se convierten en los héroes de la siguiente. La Iglesia Católica sentenció a Galileo a un arresto domiciliario de por vida por su afirmación herética de que la Tierra gira alrededor del sol. El presidente Theodore Roosevelt se negó a poner luz eléctrica en la Casa Blanca porque le preocupaba que se incendiara. El padre de Orville y Wilbur Wright era un predicador que declaró que sus experimentos de volar eran obra del diablo. El ego teme cualquier desvío de lo familiar, aunque el cambio pueda aportar una gran mejora. A pesar de la resistencia inicial basada en el miedo, la astronomía, la electricidad y los viajes en avión se han convertido en bendiciones para la humanidad. Lo que comienza como una voz en el desierto, crece hasta convertirse en un jardín de bendiciones.

El mundo es un laberinto de ideas falsas, astutamente apiladas unas sobre otras para hacer que parezca sólido, integrado e impenetrable. Sin embargo, siempre aparece un niño inocente que grita a la multitud: "¡Mirad, el emperador está desnudo!". Las voces que claman en el desierto hacen agujeros en los engaños del mundo, tal como la voz en tu cabeza te lleva a desmantelar las ilusiones que te han distraído del amor. Cuando permitimos que el agua limpiadora de la verdad lave las escamas que han cubierto nuestros ojos, vemos con claridad, y el mundo renace.

7

EN ESTE DÍA

Poco después de que Jesús fuera bautizado, apareció en el templo en Nazaret, la ciudad donde había crecido. Ahora es un hombre vibrante de treinta años de edad, delgado pero fuerte, de ojos brillantes y comportamiento decidido. Se ofrece voluntario para leer la Torá, citando una profecía de Isaías: "El espíritu de Dios está sobre mí... para proclamar la libertad para los prisioneros y la recuperación de la vista para los ciegos, para liberar a los cautivos". Jesús completa la lectura, deja el pergamino, contempla a la congregación y proclama: "En este día las escrituras se han cumplido".

Un murmullo se eleva desde la multitud, que rebota entre las paredes de la antigua sinagoga como un pequeño terremoto.

—¡Blasfemia! —grita un anciano.

—¿Cómo te atreves a proferir tal irreverencia? —grita otro.

—¡La escritura solo se cumplirá cuando venga el mesías!

En medio de una tempestad de indignación, el hijo de José el carpintero, que ya no es bienvenido en la asamblea ortodoxa, es expulsado a la calle. Este incidente significa el comienzo del rechazo de Jesús por parte de los críticos.

La declaración de Jesús es radical porque se nos ha enseñado que el reino de los cielos está a la vuelta de la siguiente curva o al otro lado de la tumba. La felicidad llegará un día, pero seguro que no es hoy. Llegarás a ser suficiente cuando hayas encontrado a tu pareja del alma, cuando tengas un bebé, cuando consigas una promoción, cuando publiques tu libro, ganes la lotería o realices cualquier otra cosa que está más allá de tu alcance. Cuando finalmente alcanzamos el objetivo, sentimos un brote repentino de felicidad. Pero pronto el vacío vuelve a colarse en nuestras tripas, prometiendo que el siguiente objetivo *realmente* nos llenará. Y así seguimos adelante, persiguiendo la zanahoria que cuelga de un palo y que está fuera de nuestro alcance.

La proclamación herética de Jesús representa la parte de nuestra mente que reconoce que el bien que buscas está disponible ahora. En algún lugar profundo e interno, entiendes que no necesitas hacer nada para ser digno del reino de los cielos. El merecimiento que te has esforzado por adquirir ya está incorporado a tu alma. Si te cuesta aceptar la pureza de tu alma, se debe a tus dudas con respecto a ti mismo —representadas por los miembros que se burlan en la sinagoga—, que han estado gritando tan alto que tu mesías interno ha quedado ahogado. Tus juicios sobre ti mismo te han expulsado bruscamente de tu templo interno de paz a la calle de la opinión pública adversa, para vagabundear y preguntarte por qué parece que no puedes hacer las cosas bien.

Pero el Cristo en ti, tu yo iluminado, no se siente intimidado. Conoce la verdad de tu naturaleza divina. Aunque esa presencia radiante es rechazada por los personajes y elementos de mentalidad estrecha de tu propia mente, tu mesías interno está establecido en perfecta suficiencia. La luz que eres no requiere la aprobación del mundo. Su naturaleza es simplemente brillar.

Mientras la humanidad busca, Cristo encuentra. Aceptar el mensaje de Cristo de suficiencia innegociable es el momento crítico en la evolución del alma, pues implica dar el giro al camino que nos lleva a casa. Cuando Jesús declaró: "En este día las escrituras están cumplidas", no se refería solo al día en que dijo esas palabras. Hoy es ese glorioso día si estás dispuesto a dejar que lo sea.

LA DESVENTAJA DE ESTAR EN TU CIUDAD

En el deporte, el equipo que juega en casa tiene ventaja sobre el visitante. En el camino espiritual es al revés. Es menos probable que las personas que te conocieron de niño acepten tus dones espirituales que las que te conocen de adulto. Incluso las personas que te conocieron de joven pueden no estar dispuestas a reconocer que has cambiado y crecido. Cuando Jesús salió de la sinagoga después de ser despreciado, indicó: "Nadie es profeta en su tierra".

Por supuesto que no. Tu madre te cambió los pañales. Tu padre te dijo que irguieras la espalda. Tu profesor de música soportó que aporrearas el piano. Tu dentista enderezó tus dientes torcidos. Tu sacerdote oyó tus confesiones. Tu familia, los viejos amigos, profesores, el médico y los clérigos todavía piensan que tienes doce años, y probablemente siempre lo harán. Pocos mesías escapan al juicio de quienes permanecen encadenados a su propio pasado desalentador. Los salvadores listos no llaman a las puertas de sus compañeros de colegio en busca de aprobación.

Pero tú ya no eres el mismo que cuando eras rechoncho y tenías espinillas. No repetirías lo que hiciste sabiendo lo que ahora sabes. Tus valores han cambiado y has crecido, te has transformado y, en muchos sentidos, te has curado. Has desarrollado nuevos dones y habilidades que llevas al mundo. Qué triste si has negado tu pasión, talento y visión, porque la gente que una vez te conoció no te reconoce ahora. A Jesús no le desanimó el rechazo de la congregación del templo. Entendió que sus críticas no se debían a su inferioridad, sino a sus pobres autoimágenes proyectadas sobre él. Ellos podrían haberle dejado entrar en sus corazones, podrían haber aceptado su grandeza, y habrían sido bendecidos por la presencia de Dios mientras él vivía, respiraba y caminaba entre ellos. Pero no estaban preparados.

Algunas personas de tu vida reconocen tus dones extraordinarios y otras no. No dejes que los que no te entienden detengan la expresión de tus talentos. Cuando Jesús envió a sus discípulos a curar y enseñar, les aconsejó: "Cuando alguien no os dé la bienvenida, sacudíos el polvo de los pies y seguid adelante".

SANAR AL CRÍTICO INTERNO

Una cosa es dejar atrás a la gente que te juzga, pero el trabajo más profundo es dejar atrás al crítico interno. Si la crítica de otra persona te molesta, una parte de ti debe estar de acuerdo con ella. Tus padres u otras personas influyentes y significativas pueden vivir en otra ciudad o pueden haber fallecido; sin embargo, has absorbido sus voces negativas como si fueran tuyas. Sanar esas desaprobaciones que te desaniman es un trabajo interno. No es la aprobación de otros la que tienes que ganarte. Es la tuya.

Afrontar y superar las críticas dolorosas es una oportunidad de oro para liberarte de las mentiras que te han tenido esposado desde niño. Tu disgusto actual solo es la repetición del que te ha molestado toda la vida. Debes sumergirte en lo profundo de ti y arrojar luz sobre las falsas creencias que te han mantenido en la pequeñez, y desvelar la verdad que ocultan. Jesús no tenía dudas con respecto a quién era, de modo que las críticas que le lanzaban no le desalentaban. Cuando te conoces a ti mismo y tienes tanta confianza como él, las palabras de menosprecio no ejercen ningún poder sobre ti.

No pierdas tiempo defendiéndote, excusándote ni explicándote. Jesús no debatió con los detractores. Sus comentarios no eran asunto suyo. Su asunto era decir y vivir la verdad. No gastaba energía tratando de gestionar su propio impacto. Simplemente siguió adelante para comenzar su ministerio. El Jesús que siguió adelante representa tu auténtico yo avanzando con dignidad y confianza. Desperdicias energía involucrándote con personas que no te entienden. En lugar de eso, presta atención a la voz afirmativa. Tal como Jesús emergió del templo arcaico indemne, tú también lo harás.

EL VERDADERO TRABAJO INTERNO

Muchas personas hacen trabajo interno para entrar en contacto con su yo inocente. Otros dedican su tiempo de terapia a trabajar con el saboteador interno. ¿Cuánto más poderoso sería hacer el trabajo del "Cristo interno", en el que contactas con la parte de ti que nace de Dios, y sacarla a la luz? Incluso cuando una parte de ti duda, critica o se resiste, otra parte está establecida en la totalidad radiante. Cuando reconoces tu divinidad inherente, todo el resto del trabajo "interno" encaja bellamente en su lugar.

La Torá de la que leyó Jesús no era simplemente un pergamino que exhibía palabras impresas. Representa el libro de nuestras vidas. A medida que lo desplegamos, la palabra de Dios se graba en nuestros corazones. Nos promete que somos amados y que emergeremos sin daño del sueño de la limitación y el sufrimiento. No más esperas, deseos, esperanzas, ganancias ni necesidad de ponernos a prueba. En este día, la escritura está cumplida.

8

NUNCA VOLVERÁS A TENER SED

Un día, mientras viajaba, Jesús se sintió cansado y se sentó junto a un pozo. Justo en ese momento, una mujer samaritana vino a sacar agua. Jesús le dijo:

—Todo el que beba del agua que estás sacando volverá a tener sed. Pero quienes beban del agua que yo les doy nunca volverán a tener sed. El agua que yo les doy se convertirá dentro de ellos en un manantial que les llevará a la vida eterna.

La mujer replicó:

—Señor, dame de esa agua para que no vuelva a tener sed y no tenga que seguir volviendo aquí para sacar agua.

Él le dijo:

—Ve a llamar a tu marido y vuelve.

—No tengo marido —dijo ella.

—Es cierto —replicó Jesús—. Has tenido cinco maridos, y el hombre con el que estás ahora no es tu marido.

Asombrada, la mujer replicó:

—Señor, puedo ver que eres un profeta... Sé que el mesías llamado Cristo está en camino. Cuando venga, él nos lo explicará todo.

Entonces Jesús declaró:

—Yo, el que te habla, yo soy él.

El agua que la mujer sacaba del pozo simboliza las enseñanzas o los propósitos mundanos que nos satisfacen por un momento, pero de los que pronto volvemos a querer más. Las ideas intelectuales y las búsquedas materiales no nutren el alma. Un yogui dijo una vez: "Los pasteles pintados no pueden calmar el hambre".

Las enseñanzas que imparten Jesús y otros grandes maestros no se disipan ni nos llevan a seguir buscando. Más bien, se enriquecen y fortalecen cuando las ponemos en práctica, y dejamos de sentir la necesidad de buscar la satisfacción fuera de nosotros. No es suficiente tocar el mundo solo con nuestra mente. En último término, solo conocemos la vida a través del corazón.

SEDIENTA DE AMOR

El encuentro de Jesús con esta mujer no habría estado completo sin que él indagase en sus múltiples matrimonios. La mujer estaba sedienta de amor, e intentaba satisfacer su sed a través de diferentes hombres, pero sin éxito. Cada matrimonio la decepcionaba más. Si puedes identificarte con su frustración, puedes ver que, lo que parece ser una saga antigua y distante, en realidad es tu propia historia.

La satisfacción que la mujer buscaba a través de fuentes externas estaba disponible dentro de ella. Ella ya tenía todo el amor que buscaba a través de los hombres, pero lo estaba buscando en los lugares equivocados. Si tú, como ella, te sientes exasperado porque no hallas el verdadero amor en tu relación, en tu trabajo, o en tu vida, estás siendo redirigido a las aguas vivientes dentro de ti.

¿ERES TÚ EL QUE HA DE VENIR?

Muchos de nosotros hemos dedicado mucho tiempo y energía a buscar "al que ha de venir". Creemos que el destino nos ha designado a un único compañero del alma, y que nuestra tarea consiste en encontrarle. Incontables cuentos de hadas, canciones populares, novelas románticas y películas han instigado y edificado nuestra creencia en una pareja que nos llevará a superar nuestra sensación de deficiencia y nos salvará de la soledad. A continuación, emprendemos un viaje largo y frustrante de citas y matrimonios, besando a muchos sapos en nuestra búsqueda del príncipe o la princesa encantados. Detrás de nuestras conversaciones superficiales, nos preguntamos en silencio: "¿Eres tú el que espero?". Cuando una persona no satisface nuestra fantasía, pasamos a la siguiente cita o al siguiente matrimonio, preguntando de manera aún más ferviente: "¿Eres tú el esperado?".

Pero no estamos buscando a una persona. Lo que buscamos es la sensación de plenitud. No nos sentimos satisfechos con el agua de un pozo superficial porque buscamos otro pozo más profundo. Ciertamente hay Uno que nos satisfará, pero no es una persona. Es el espíritu viviente. Este Uno no se limita a un cuerpo o personalidad. Está disponible por doquier, en todas las cosas que viven. Su hogar no es otra persona, sino tu yo interno más profundo. *Este Uno eres tú*. Tú no necesitas que otra persona te satisfaga. Llevas al Uno dentro de ti. En realidad, has estado buscándote a ti mismo. Cuando te enamores de ti mismo, encontrarás la profunda recompensa del alma que has estado buscando por doquier.

GANAR LA VERDADERA LOTERÍA

Leo un artículo de un contable que estudió las vidas de las personas que habían ganado la lotería. Si bien cabría esperar que ganar la lotería cambiaría la vida de la gente para mejor, en muchos casos las vidas de los ganadores se vuelven más problemáticas. Algunos entran en luchas familiares por lo que les ha caído del cielo, otros se convierten en alcohólicos o se deprimen, y unos pocos se suicidan. La mayoría vuelven a su nivel de riqueza anterior en pocos años. Conozco a una mujer que ganó millones de euros en una lotería estatal. De repente, todo tipo de amigos, parientes, un exmarido y organizaciones de caridad llamaron a su puerta buscando un donativo. Tuvo que contratar a un guardaespaldas que acompañara a su hijo de seis años a lo largo del día para evitar que fuera secuestrado. Recibir esa gran suma solo fue una bendición a medias.

Algunos ganadores de la lotería disfrutan del dinero y lo usan bien. Sus vidas no quedan arruinadas, sino potenciadas. Después de un largo análisis y múltiples entrevistas con ganadores de loterías, el contable llegó a una conclusión simple: las personas que eran felices antes de ganar la lotería fueron felices después de ganarla. Y quienes era desdichados antes, siguieron siéndolo después.

Lo mismo ocurre con la totalidad de la vida. Cuando bebemos las aguas vivas, nuestro caminar por el mundo se convierte en una bendición. Podemos tener una pareja del alma o no, mucho dinero o no, una casa elegante o no, un trabajo prestigioso o no. Cuando nos sentimos llenos por dentro, la historia externa es secundaria. Cuando estamos conectados con nuestra Fuente espiritual, la relación correcta, la economía, la salud, el hogar y carrera profesional siguen de manera natural. Como lo externo procede de lo interno, a medida que nos alineamos con nuestra alma, todas las cosas del mundo se configuran a nuestro favor.

JUSTO DELANTE DE TI

Cuando la mujer del pozo le dijo a Jesús que estaba esperando al mesías, no se dio cuenta de que lo tenía delante. Asimismo, el bien que buscas puede estar a tu disposición justo donde estás, pero es posible que no te des cuenta porque estás mirando a otra parte o esperando que venga en el futuro.

Mi amigo Larry pasó muchos años buscando a su pareja del alma. Tuvo una serie de relaciones románticas que no acabaron como él esperaba. Él se enamoraba enseguida y, a continuación, se desenamoraba igual de rápido. Me confesó: "He pasado más tiempo en fiestas y persiguiendo ilusiones que conectando con mujeres de calidad". Todas estas decepciones acumularon en él el deseo sentido de compartir su vida con una compañera sólida y con carácter. En un momento dado sintió: "Estoy preparado".

Larry daba una clase nocturna de inglés como segundo idioma. En la clase de al lado, Sima enseñaba otro curso similar. Larry pensó que Sima era atractiva, pero no pensaba en ella como pareja. Durante un año, ambos se vieron por los pasillos y en las reuniones de profesores. Una noche, después de clase, fueron a sus coches juntos, y se quedaron conversando en el aparcamiento. Como hacía frío, Larry le preguntó a Sima si quería continuar la conversación ante una taza de café. Fueron a una cafetería y estuvieron hablando hasta que cerró. Al día siguiente volvieron a salir a tomar café, y el fin de semana siguiente Sima invitó a Larry a cenar en su apartamento. Al poco, empezaron a pasar la mayor parte de su tiempo juntos.

—Un día me di cuenta de que estábamos teniendo una relación sin intentarlo siquiera —me dijo Larry riéndose—. Me di cuenta de que Sima es una gran mujer en cuerpo y alma.

Un año después Larry y Sima estaban casados, y llevan juntos más de veinte años. Cuando Larry conoció a Sima, no tenía ni idea de que ella se convertiría en la compañera de su vida. Estaba buscando en otros lugares, y ella estaba justo delante de él.

Más allá de la manifestación material, la recompensa espiritual que buscas está disponible justo donde estás. *Un curso de milagros* nos pide que consideremos a las personas de nuestra vida, especialmente a las que nos resultan más difíciles, y que les pidamos mentalmente: “Dame tu bendición, santo Hijo de Dios”. En otras palabras: “Déjame contemplar al Cristo en ti”. ¿Qué Cristo no se revelaría a quien se lo pida sinceramente? Cuando Jesús dijo: “Pedid y se os dará”, en parte estaba refiriéndose a recompensas materiales, pero fundamentalmente al despertar espiritual. Puedes conseguir todas las cosas que quieras, pero hay algo que es más importante: puedes encontrar la paz interna. Entonces lo tienes todo.

CAMBIAR DE DEPÓSITO

A cada momento estamos eligiendo de qué pozo vamos a extraer nuestro sustento. El agua mundana no puede satisfacer nuestra sed espiritual. Tomamos una comida y a las pocas horas volvemos a tener hambre. Vamos de luna de miel, y pronto descubrimos que estamos casados con una persona real más que con nuestra fantasía. Conseguimos el trabajo ideal y después descubrimos cosas que están mal. Nada del mundo de la forma puede satisfacer nuestra alma. No tenemos que negarnos una comida deliciosa, el deleite de una luna de miel o una carrera profesional interesante. Tenemos que dejar de negarnos las recompensas del alma que tanto hemos echado de menos.

Yo solía conducir un camión que tenía dos depósitos de combustible. Cuando uno se vaciaba, presionaba un botón en el salpicadero e inmediatamente el vehículo tomaba el combustible del otro. Muchos de nosotros nos hemos quedado sin combustible tratando de importar nuestros bienes de las personas, de las cosas y de los sucesos. Cuando se agota nuestro combustible mundano, miramos hacia otra parte. A medida que el mundo externo deja de satisfacernos, buscamos una respuesta superior. Después de suficientes relaciones frustrantes, trabajos que casi funcionan pero al final no, o casas con los cimientos agrietados, miramos hacia arriba. Entonces, en un destello, encontramos a Dios justo delante de nosotros. En ese momento nuestra espera del mesías acaba, y saciamos nuestra sed espiritual con el agua de vida, después de la cual nunca volveremos a tener sed.

9

LA LÁMPARA Y LA CESTA

Asistí a un seminario del doctor Ihaleakala Hew Len, un lúcido profesor de la antigua práctica espiritual hawaiana *ho'oponopono,* o "curación mediante la recuperación del equilibrio". El doctor Hew Len encendió una linterna, apuntó con ella hacia el público y nos dijo:

—Esta luz representa tu verdadero yo.

A continuación, sostuvo una pieza de cristal y dijo:

—Esto es tu mente.

Dirigió la linterna hacia el cristal y explicó:

—Cuando tu mente está limpia y clara, tu verdadero yo reluce y brilla a través de ella.

A continuación, tomó un rotulador grueso, cubrió el cristal de tinta negra, y volvió a dirigir la linterna hacia él. Esta vez, la luz que lo atravesaba era muy tenue.

—Cuando tu mente está ensuciada por pensamientos temerosos y limitantes, tu verdadero yo apenas brilla a través de ella para que el mundo pueda verlo.

El profesor tomó una tela, limpió la tinta del cristal, y volvió a dirigirle la luz de la linterna en todo su esplendor.

—Aparta tus pensamientos oscuros, y tu verdadero yo irradiará según la intención original.

Jesús enseñó la misma lección con una metáfora de su tiempo:

> Tú eres la luz del mundo. La gente no enciende una lámpara y luego la pone bajo un canasto; se pone en un soporte donde

alumbre toda la casa. Asimismo, tu luz debe brillar ante otros, para que ellos vean tus buenos actos y glorifiquen a tu Padre celestial.

El camino espiritual no tiene tanto que ver con el hacer. Más bien trata de *deshacer*, de retirar todo lo que no es verdad y todo lo que no eres tú, para revelar la brillante alma que eres tal como Dios te creó. Nacimos bien, pero después fuimos definidos. Se nos impuso una enorme carga de pesadas definiciones y etiquetas hasta que solo una chispa de nuestra divinidad innata atravesaba el fango. Ahora estamos siendo refinados, limpiados de lo que no es Dios para que se revele lo que es Dios, restaurando la expresión de nuestra naturaleza original.

LUZ MÁS ALLÁ DEL CUERPO

El cuerpo es una ventana a través de la cual brilla la luz. La forma o condición del cuerpo no es tan importante como la luz que emana a través de él. Algunas personas ocupan cuerpos minusválidos o limitados en algún sentido. Sin embargo, su mente, corazón y alma son tan claros y fuertes que el cuerpo se difumina en el trasfondo ante la presencia de la energía que expresan.

Una mujer llamada Lori, confinada en una silla de ruedas, asistió a uno de mis seminarios. Lori se había quedado paralítica después de un accidente que tuvo al tirarse al agua. Es una de las mujeres más radiantes que he visto nunca. En cuanto Lori entró en la sala, la iluminó con su sonrisa y su brillante presencia. Ella celebraba todas sus interacciones con los demás participantes y los abrazaba con generosidad. Estaba viviendo en un estado mental casi celestial e invitaba a todas las personas que conocía a unirse con ella allí. Las restricciones de su cuerpo no podían impedir que su luz interna bendijera a todos aquellos con los que se encontraba.

Algunas personas pueden tomar sobre sí limitaciones físicas para demostrar a los demás que las condiciones del cuerpo no pueden apagar nuestro espíritu. *Un curso de milagros* nos pide que recordemos: "No soy un cuerpo, soy libre, pues aún soy tal como Dios me creó". La mayoría de nosotros estamos tan identificados con nuestro cuerpo que lo que le ocurre a este, le ocurre a nuestra mente. Cuando el cuerpo se siente bien, estamos felices. Cuando el cuerpo tiene un dolor o experimentamos algún tipo de restricción, tan mínima como vernos en un atasco de tráfico, nos disgustamos. Sin embargo, el cuerpo solo gobierna nuestra felicidad cuando le atribuimos ese poder. Todos tenemos la capacidad de conservar nuestra identidad como seres luminosos, con independencia de lo que haga nuestro cuerpo y de otras circunstancias materiales. Nosotros somos la lámpara, no la cesta.

DE DÓNDE VIENE LA LUZ

Puedes haber practicado meditaciones en las que absorbes luz y curación de una fuente externa, como del sol o de un maestro espiritual. Si bien dichas meditaciones tienen un valor práctico, hay una ligera distorsión en esta dinámica. Mientras parece que importamos luz de una fuente externa, en realidad estamos *emanando* luz de una fuente interna. Absorber energía de algún lugar externo es una licencia; nos permitimos usar un objeto como punto focal para conseguir el resultado deseado. En último término, *no hay fuente externa*. Ni siquiera hay una fuente interna separada de nosotros mismos. Nosotros *somos* la fuente de la que parecemos estar tomando energía. Jesús no dijo: "Obtén la luz del mundo". Él dijo: "Tú *eres* la luz del mundo". Él nos identificó con el bien que buscamos. Llevamos luz dentro de nosotros dondequiera que vamos porque nos llevamos a nosotros mismos dondequiera que vamos. No puedes estar separado de lo que eres. En esta toma de conciencia reside el gran retorno a casa. No puedes ser al mismo tiempo un cuerpo limitado y luz ilimitada. Llega un momento en el que cambiamos nuestra identidad de lo frágil a lo majestuoso, de lo efímero a lo eterno.

TODO LO QUE NECESITAS PARA CURARTE

El mundo, por sí mismo, no tiene significado, poder ni propósito. Es simplemente el escenario sobre el que desplegamos nuestro viaje al despertar. Nuestra vida solo tiene sentido cuando añadimos la luz de la conciencia superior a nuestra existencia terrenal. Nuestra naturaleza divina anima y ennoblece todo lo que hacemos. Cada alma es santa porque tenemos la capacidad de iluminar el mundo. Cuando lo hacemos, realizamos nuestro propósito y nuestro corazón está en paz.

La tecnología médica moderna corrobora la enseñanza de Jesús de usar luz para curar. Los médicos y veterinarios usan máquinas de luz láser para rejuvenecer los órganos dañados y enfermos. Los dentistas endurecen los empastes con una luz azul. Los urólogos enfocan una luz láser de color verde para reducir el tamaño de las próstatas que se han agrandado. Los tratamientos de fitoterapia alivian el estado de ánimo, el sueño y las alteraciones de la piel, la psoriasis, el eccema y el acné. Los hospitales higienizan los instrumentos con luz ultravioleta, recortando las tasas de infección. La luz no solo es una herramienta en la medicina moderna. La luz *es* la medicina.

Toda tecnología replica facultades espirituales que encarnamos, pero que tenemos atrofiadas porque no las usamos. Podemos lograr todo lo que logran las máquinas mediante la aplicación inteligente de la mente. Jesús realizó todas las curaciones que consiguen las máquinas modernas sin ningún instrumento, y nosotros podemos hacer lo mismo. Todo lo que necesitas para curarte a ti mismo y a otros ya reside dentro de ti. Cuando tengamos la misma fe en nuestra propia mente que la que depositamos en la tecnología, avanzaremos a la velocidad de la luz. Nuestra mente es el mayor instrumento tecnológico otorgado por Dios.

OFRECE TU DON

Más que nada, al universo le encanta ver brillar a tu verdadero yo. Cuando estás feliz, bendices a todos aquellos con los que te encuentras. Afectas al mundo más con tu energía que con tus acciones. Si haces buenos actos pero tu espíritu está enturbiado, tu acto no es tan bueno. Cuando sientes deleite, eres un sanador. A algunos padres les preocupa que sus hijos crezcan con actitudes negativas o temerosas. Yo les aconsejo que enseñen a los niños alegría con el ejemplo. Cuando vives tu vida más apasionada, sirves como modelo de bienestar e inspiras a los niños a hacer lo mismo. Si eres un modelo de autocuidado, expresión auténtica y mentalidad próspera, tus hijos aprenderán con el ejemplo. Encontrarán el nicho perfecto en el gran esquema de las cosas, tendrán éxito y serán felices. Entonces tu corazón estará en paz, sabiendo que has guiado a tus hijos a vivir una vida llena de alegría.

El mundo se muere de hambre de luz. Los que la traen son salvadores de la humanidad. Nunca subestimes el don que aportas cuando dejas que brille tu verdadero yo. Cambia el enfoque de la forma de lo que estás haciendo a la energía que hay detrás de tus acciones. Tu luz no ha quedado disminuida en lo más mínimo por ninguna cesta que la cubra; es la llama que el mundo no puede extinguir. No tienes que convertirte en la luz del mundo. Eso es lo que ya eres. Ahora lo único que te queda por hacer es dejar que el mundo se bañe en tu irradiación divina.

10

SANAR ESTÁ PERMITIDO

Durante un programa residencial que dirigí en un centro de retiros espirituales, estaba comiendo con varios participantes en una mesa al aire libre. Una estudiante se puso de pie, se colocó detrás de mí y empezó a masajearme amablemente la cabeza y los hombros. Yo estaba sentado con los ojos cerrados, disfrutando del toque atento.

De repente, me perturbó una voz profunda y estridente que decía:

—¡Aquí no está permitido practicar la curación!

Seguro de que se trataba de otro estudiante haciendo una broma, abrí los ojos para ver quién era. Para mí sorpresa, el guardia de seguridad del centro de retiros estaba de pie detrás de nosotros. Y tenía el aspecto propio de un vigilante: corpulento, con el pelo rapado y un vientre que sobresalía del cinturón. Leí el nombre en su insignia: *George.* Miré al hombre sin acabar de creérmelo.

—No se permite practicar la curación dentro del campus excepto en el templo de curación —bramó el guardia—. Si quieres que te curen, tienes que ir allí.

Mis amigos y yo nos echamos a reír. Esto tenía que ser un chiste. ¿Quién podría hacer una regla contra que alguien sea curado? Volví a mirar a George y vi que estaba muy serio. La estudiante retiró las manos de mis hombros y se sentó. El guardia, satisfecho de haber hecho su trabajo, afirmó con la cabeza y se fue.

Después de comer, al volver a mi habitación, vi que George venía hacia mí. Más relajado ahora, pensé que sería un buen momento para divertirme con él.

—Siento lo ocurrido antes —le dije—. No sé qué me pasó.

El guardia me miró con dureza.

—Espero que lo entiendas. Si dejo que la gente practique la curación aquí, antes de que te puedas dar cuenta, la gente estará practicando la curación por todas partes.

Tuve que hace uso de toda mi fuerza de voluntad para mantener la cara seria. Afirmé con la cabeza y dije a George:

—Y eso es lo último que querríamos, ¿cierto?

—Así es —replicó con firmeza, y siguió su camino.

Fui corriendo a la habitación, cerré la puerta detrás de mí y me desternillé de risa. Esto era demasiado extraño para ser verdad. Entonces recordé una historia de la Biblia que cuenta un incidente parecido:

Un sábado, Jesús estaba enseñando en una sinagoga cuando una mujer, minusválida desde hacía dieciocho años, le pidió que la curara. Jesús la llamó y le dijo:

—Mujer, eres libre de tu enfermedad.

Puso sus manos sobre ella, e inmediatamente ella se irguió y dio gracias a Dios.

El sacerdote del templo, observando este hecho, se sintió escandalizado.

—Las reglas de la religión prohíben curar en sábado —espetó a Jesús.

—¡Hipócritas! —respondió Jesús—. ¿No desatáis el sábado a vuestro buey o a vuestro asno y lo lleváis a abrevar? Entonces, ¿por qué esta mujer que ha estado atada durante dieciocho años no debería ser liberada?

Jesús fue criticado por romper muchas reglas de la religión judía. Perdonó a los adúlteros y prostitutas, confraternizó con los romanos y los recaudadores de impuestos, cambió la dieta prescrita y expulsó a los mercaderes del gran templo. Criticó a los líderes religiosos por ser hipócritas y de mentalidad estrecha. No es de extrañar que fuera crucificado. Desafió la letra de la ley a fin de honrar su espíritu. El apóstol Pablo dijo: "La letra mata, pero el espíritu da vida".

Cada religión empezó con un profeta inspirado que tuvo una sorprendente revelación y ayudó a la gente a acercarse a Dios. Cada religión también se queda enredada en los adornos del dogma. Cuando la verdad se institucionaliza, se convierte en un terreno fértil para el control basado en el miedo, lo que ahoga la llama del amor que la religión tenía por objeto aventar. Solo cuando penetramos hasta la pura fuente de la religión, la brillante comprensión que precedió a sus impedimentos, recibimos las bendiciones que tenía la intención de extender.

Jesús iluminó hábilmente la diferencia entre el espíritu de la ley y su expresión literal cuando explicó: "El sábado fue creado para el hombre y no el hombre para el sábado".

DÓNDE OCURRE LA CURACIÓN

Paradójicamente, George, el guardia de seguridad, estaba enunciando un principio metafísico que se ha confundido con un lugar físico. Es verdad que la curación solo puede ocurrir en el templo de curación. Pero el templo de curación no es un edificio físico. Es un estado mental. Tú y yo llevamos el templo de curación dentro de nosotros dondequiera que vamos. Accedemos a él elevando nuestra conciencia. Cuando damos un paso atrás en nuestras actividades mundanas y miramos hacia arriba, cosechamos todos los beneficios de la curación.

Dios no necesita un cuerpo de policía para defender la verdad. Los principios universales son evidentes en sí mismos, son su propia policía y funcionan en todo momento, en todos los lugares y circunstancias. Cuando confundimos las estructuras físicas con el propósito que representan, perdemos de vista la fuente de nuestra curación. Como somos fundamentalmente seres mentales y espirituales, lo que determina nuestra calidad de vida es lo que hacen nuestra mente y espíritu. Se te permite y se te invita a ser curado en cualquier momento y lugar. Dios no vive en un edificio. Dios vive en tu corazón.

¿REGLAS O LEYES?

El mesías metafísico nos enseñó a discernir entre las leyes hechas por Dios y las hechas por los hombres. Algunas reglas humanas son compatibles con las leyes de Dios y muchas otras no. Las reglas que la gente fabrica suelen estar basadas en el miedo, y las leyes de Dios se basan en el amor. La voluntad de Dios es compasión, no venganza. Cuando damos la gracia, es cuando más nos parecemos a Dios. Cada día nos ofrece muchas oportunidades de practicar dar gracia y también de recibirla.

En una ocasión, tuve que cambiar un vuelo en el último minuto. Al acercarme al mostrador de la aerolínea en el aeropuerto, me preocupaba que me cobraran mucho por el cambio. Mostré mi billete al agente, un hombre negro y calvo con gafas de borde metálico. Estudió mi billete y, a continuación, miró la pantalla de su ordenador.

—Aquí dice que debería cobrarte 400 dólares extra por volar esta mañana —empezó diciendo—. Pero, como no leo bien, no he visto eso. Aquí está tu tarjeta de embarque. Que tengas un buen vuelo.

Después de darle las gracias, me alejé pensando que podría irme bien no tener tanta capacidad de leer con precisión. A menudo, he sentido la tentación de recordar a la gente las reglas, en lugar de extender misericordia. Para la mente humana, "la ley" es una palabra atemorizante, porque la mayoría de las leyes humanas se basan en el castigo. Para la mente divina, "la ley" —la ley de Dios— es causa de alegría y celebración. Ser una persona temerosa de Dios es un oxímoron. Quienquiera que tema a Dios no Le conoce. ¿Por qué habrías de temer a alguien que te dio la vida, que te sustenta, que te ama infinita y eternamente, y que solo quiere lo mejor para ti?

SANAR A LOS FARISEOS INTERNOS

Aunque Jesús era muy amable con los condenados, se mostró duro con los condenadores.

—Vosotros, guías ciegos —reñía a los fariseos—, filtráis el agua para no tragaros un mosquito por accidente, ¡pero os tragáis un camello!

Estaba avisando a estos líderes por estar tan inmersos en reglas sin importancia que perdían de vista el amor. A nivel espiritual prestaban atención a las pequeñeces y no hacían caso de lo importante. Él trataba de corregir su visión para que pudieran ayudar a la gente en lugar de juzgarla.

Los fariseos no son simplemente figuras vestidas de negro vomitando dogma desde los lóbregos salones de una antigua religión. Hasta el día de hoy, los antiguos fariseos conservan su lugar en tu cabeza y en la mía. Una parte de nuestra cabeza está absorbida por la pequeñez, escondiéndose en un laberinto de detalles, adicta al control, sucumbiendo a la tiranía de lo trivial. *Un curso de milagros* nos anima a elevarnos por encima "del trueno del sinsentido". No dejemos que las minucias dominen nuestra conciencia y diezmen nuestra alegría.

En cuanto nos quedamos fijados en detalles a expensas del gran cuadro, volvemos a representar la obsesión de los fariseos con las reglas a las que dan más importancia que a la vida. Cuando hacemos de la curación nuestra prioridad, nos liberamos a nosotros mismos y a otros. Mis amigos Mark y su esposa Marcia son judíos ávidos de religión. Cuando su hijo Joel decidió casarse con una mujer nativa americana, inicialmente Mark y Marcia se sintieron disgustados con esa elección. La novia de Joel era agradable, pero no era compatible con la idea que tenían de con quién debería casarse su hijo y cómo debería llevarse a cabo la ceremonia de boda. Después de una temporada desagradable de angustia y discusiones, Mark y Marcia decidieron que su objetivo era que su hijo fuera feliz, aunque su elección de pareja no coincidiera con la de ellos. De modo que dejaron de luchar contra su decisión y apoyaron a la pareja para que tuvieran la boda que ellos quisieran, que incluyó elementos judíos y rituales nativos. Como los padres de la novia no tenían mucho dinero, Mark y Marcia pagaron el banquete. Decidieron ir más allá de la letra de la ley para vivir su espíritu. Ahora sus corazones están en paz, su hijo y su nuera se sienten queridos, y las reuniones familiares están llenas de armonía.

GRACIA EN ACCIÓN

Podemos unirnos a Jesús como dispensador de gracia exactamente donde estamos. En una ceremonia de graduación reciente en Morehouse College, una de las mayores instituciones educativas para estudiantes afroamericanos, el magnate corporativo Robert F. Smith dio el discurso de apertura. Smith dejó anonadado al colectivo estudiantil al anunciar que iba a pagar los préstamos de todos los estudiantes que se estaban graduando. Como había unos cuatrocientos graduandos, y cada uno debía como media cien mil dólares, el generoso regalo de Smith sumaba muchos millones de dólares.

¿Puedes imaginar la alegría y la liberación que sintieron esos estudiantes cuando descubrieron que no tendrían que trabajar durante años para devolver sus préstamos estudiantiles? Esta experiencia regocijante representa la paz profunda que experimentamos cuando nos damos cuenta de que Dios ha perdonado nuestras deudas kármicas. ¿Cuán liberado te sentirías sabiendo que todas tus deudas han desaparecido?

No tienes que ser un millonario para ofrecer gracia. Cuando alguien se siente culpable por tener que reprogramar una reunión contigo, puedes simplemente decir: "No hay problema". O si alguien se disculpa por llegar tarde, dile: "He tenido ocasión de responder a algunos mensajes". O si tu hijo no consigue sacar todo sobresalientes, alaba de todos modos sus buenas calificaciones. Cada día se nos ofrece la oportunidad de extender la gracia.

No nos conformemos con dar gracia a otros. También debemos aceptarla para nosotros mismos. Es posible que te sientas abrumado por una molesta sensación de obligación: el sentimiento de que "tengo que hacer muchas cosas antes de poder relajarme". Tu "lista de cosas por hacer" acaba convirtiéndose en una carga insoportable. Mientras el ego te recuerda lo cargado que estás, la gracia te quita la carga de encima. La gracia te recuerda que siempre tienes suficiente tiempo y recursos para hacer lo que tienes que hacer. Dios no te presiona. Tú te presionas a ti mismo. No tienes que saltar muchos obstáculos espirituales antes de cruzar la línea de llegada. A los ojos de Dios, ya has cruzado la línea de llegada. Los milagros, que todos merecemos, limpian el karma. Jesús vino a demostrar que no somos pecaminosos, que Dios no es iracundo, y que no estamos en deuda.

Todas estas interpretaciones opresivas de nosotros mismos y de Dios son producto de una mentalidad errada. Cuando purificamos nuestra mente viéndonos a nosotros mismos y unos a otros con los ojos del amor, purgamos a los fariseos internos y nos restauramos al lugar que merecemos en el cosmos.

Cada día nos ofrece muchas elecciones entre mosquitos y camellos, entre la pequeñez y la grandeza, entre los detalles y la gloria, entre la carencia y la abundancia, entre los límites de la humanidad y la libertad de Dios. A Jesús se le permitió curar en sábado porque esa era la voluntad de su Padre, y a ti también se te permite hacer lo que el Espíritu te llame a hacer. Si no estás seguro de si hacer algo, pregúntate si es legal espiritualmente. ¿Está este acto alineado con tu sensación de integridad y de ser fiel a tu Fuente? ¿Va a añadir más luz y felicidad a tu vida, o a la vida de alguien a quien afectes? El Cristo en ti está dando un paso adelante para purgar tu mente y tu vida de toda opresión. La curación no solo está permitida, sino que es necesaria. En algún punto encuentras el coraje para hacer lo que has venido a hacer. No dejes que ninguna regla basada en el miedo se interponga entre tú y la vida que viniste a vivir.

11

EL OJO ÚNICO

A mi amiga Colleen le diagnosticaron un cáncer en la lengua. Después de varios meses de intentar tratarla con medicamentos, el médico le informó que tendría que operarla para quitarle la lengua. Esta perspectiva tan lúgubre la motivó para unirse a un grupo de curación cristiano. Allí, el líder le pidió que se pusiera en medio del círculo y que recibiera una oración de curación de todo el grupo. Cuando Colleen cerró los ojos, vio lo que le pareció que era un rayo de luz entrar en su boca y golpear donde estaba localizado el cáncer. Después sintió una profunda paz.

Unos días después, Colleen fue a sacarse una radiografía previa a la operación y el médico se quedó anonadado. No había el menor rastro del cáncer. Estaba totalmente curada. Esta experiencia ocurrió hace treinta y dos años. Desde entonces ha disfrutado de una salud excelente.

Como resultado de su curación espiritual, Colleen ha desarrollado una conexión íntima con Jesucristo y la Madre Bendita. Reza mucho y ha realizado peregrinaciones a los lugares sagrados de Lourdes, Asís y Medjugorje. Es voluntaria en un hospicio, consejera para el tratamiento del cáncer y *coach* holística. Colleen reconoce que este proceso la llevó a su verdadero camino espiritual.

El maestro del trabajo con la luz, Jesús, enseñó:

> El ojo es la lámpara del cuerpo. Si tu ojo es único, tu cuerpo estará lleno de luz. Si tu ojo no está sano, todo tu cuerpo estará lleno de oscuridad.

El “ojo único” al que Jesús se refiere es la visión espiritual, que solo reconoce la plenitud y la perfección. Esta manera superior de ver sabe que somos seres de pura energía. Jesús estaba tan establecido en su visión de perfección que las personas que él estaba llamado a curar se elevaban a esa conciencia con él, y eso hacía que fueran plenas. En verdad, siempre habían sido plenas. Pero estaban distraídas temporalmente por una doble visión: el mundo de la dualidad y la polaridad que forma la matriz del universo físico.

Un sanador, consejero o maestro es un visionario. Él o ella usa una manera de ver superior que el mundo desconoce. Si estás de acuerdo en que hay dos poderes, en lugar de uno, abres la caja de Pandora a un mundo de conflictos, opresión y victimización, un diablo con la capacidad de oponerse y triunfar sobre Dios, y todo el dolor y la pena que caracterizan a la humanidad. Aunque el mundo de la dualidad parece real cuando estás en él, incluyendo todas las dificultades que genera, en el gran cuadro no puede desgarrar el tejido de totalidad sobre el que está establecida la realidad.

Si Jesús caminara por el mundo a día de hoy, usaría metáforas y parábolas modernas para enseñar sus lecciones. Podría decir: “Si quieres escuchar la estación de radio donde suena tu música favorita, debes mantener el dial en esa frecuencia. Si cambias de frecuencia, perderás la señal que valoras”. El genial científico Nikola Tesla subrayó el mismo principio: “Si quieres encontrar los secretos del universo, piensa en términos de energía, frecuencia y vibración”. La curación ocurre en una frecuencia, la enfermedad en otra. Para dar y recibir curación, debes mantener el dial fijo en una vibración más alta.

> Ningún sirviente puede servir a dos amos, pues odiará a uno y amará al otro, o se dedicará a uno y aborrecerá al otro.

No puedes vivir en dos mundos a la vez. No puedes temer y amar simultáneamente; no puedes estar en la integridad y en la duplicidad; no puedes retozar en las ilusiones y recordar la verdad; no puedes ser un cuerpo físico y conocerte como espíritu eterno. No puedes decir que crees en Dios y quejarte del diablo.

Cada momento nos ofrece una elección de en qué conciencia vamos a vivir. "En la casa de mi Padre hay muchas moradas" significa que vivimos en un universo de múltiples realidades simultáneas, y habitamos aquella que es compatible con nuestros pensamientos. Una mente dividida ve un universo fragmentado. Una mente única ve una creación unificada. Es posible que no puedas elegir todas las realidades que hay ahí fuera, pero tienes elección con respecto a cuál quieres habitar. Tampoco puedes controlar las realidades en las que otras personas eligen vivir. Debes respetar el derecho de otros a elegir su realidad, y tu derecho a elegir la tuya.

¿QUÉ IMAGEN VES?

En la inspiradora película *Resurrection*, Ellen Burstyn retrata a Edna Mae, una mujer que descubre que tiene el poder de curar. Entonces comienza a ayudar a mucha gente. Un día, un doctor joven y tullido viene a ella, y ella lo sana. Un médico que observa la curación le dice a Edna Mae, "Pero yo vi las imágenes" —refiriéndose a las radiografías—. Edna Mae sonríe y le dice: "Yo no vi esas imágenes", lo que significa que estaba viendo al paciente a través de una visión superior que la que revelan los rayos-x.

Un sanador ve más allá de la apariencia de enfermedad, contemplando la realidad del bienestar. Cuando reemplazas el "yo" por el "nosotros", la "enfermedad" se convierte en "bienestar". La enfermedad es el resultado de una mente que ve la separación de Dios. La salud sabe que somos uno con Dios. Algunos médicos también son sanadores. Mientras ofrecen tratamiento médico, también mantienen la visión del perfecto yo superior del paciente. Si eres este tipo de médico, o encuentras tu camino hasta uno de ellos, ciertamente estás bendecido. Un tratamiento de mentalidad tan elevada maximiza las oportunidades del paciente de curarse completamente.

En muchas ocasiones el mesías místico hizo énfasis en la importancia de la visión única. Dijo: "Elige este día a quién quieres servir". En otras palabras: "Decide qué visión usarás". Cuando el discípulo Pedro preguntó a Jesús:

—¿Qué hay de él? —refiriéndose a Judas, que después le traicionaría, el maestro respondió:

—¿Qué te importa eso a ti? Simplemente sígueme.

Estaba diciéndole a Pedro que no se enfocara en la oposición y que mantuviera la visión fija en el objetivo. Quienes batallan con la oscuridad la magnifican. Quienes están inmersos en el bien, expanden el bien. La atención es una inversión en más de lo mismo. Si quieres vivir en el reino de los cielos, debes enfocarte exclusivamente en él.

¿CONFÍAS EN ÉL O NO?

Cuando necesité un trabajo dental complicado, investigué un poco y encontré un dentista que creí que podía hacerlo. Este arreglo requería una serie de pasos, algunos de ellos costosos. Al comienzo del tratamiento, me pregunté si el dentista me estaba aconsejando con precisión y si me estaba cobrando una cantidad justa. Hizo un buen trabajo en el primer paso, y al llegar al segundo, sentí la tentación de cuestionarle. Entonces, una voz en mi cabeza me preguntó: “¿Confías en él o no?”. Si iba a confiar en este hombre, tenía que confiar en él totalmente. No serviría de nada dudar de él y ponerle a prueba cada poco tiempo. Si merecía mi confianza, la merecía en todos los aspectos. Como yo no soy dentista, tuve que dejar todo el proyecto en sus manos, no solo algunas partes. Al final, hizo un trabajo excelente y mi confianza en él quedó justificada.

Si vamos a confiar en Dios, debemos confiar en Él plenamente, no solo en algunas áreas de nuestra vida. No podemos decir: “Creo que te ocuparás de mi salud, pero en cuanto a mi relación... bueno, eso es otra historia”. O Dios está al cargo del universo o no lo está. O Dios está en todas partes o no está en ninguna. La idea de un Dios parcial no tiene sentido. No hay espacios que Dios haya dejado vacíos. Debemos aceptar la confianza inocente de una niña pequeña que depende de sus padres para nutrirla y protegerla. “Para entrar en el reino de los cielos, debe ser como un niño pequeño”.

NO DIVIDAS TU PODER

En un episodio televisivo de *Superman*, el superhéroe de la capa va a Sudamérica a ayudar al líder de un país que está amenazado por revolucionarios. Allí lo arrestan y lo meten en la cárcel. Pero debe escapar para evitar que el líder sea asesinado, y al mismo tiempo debe parecer que está en la cárcel. De modo que prueba la peligrosa posibilidad de dividirse en dos entidades, a riesgo de debilitarse y perder sus superpoderes o, peor todavía, es posible que no sea capaz de reintegrar sus yoes divididos.

Cuando nos separamos de nuestra identidad en Cristo, dividimos nuestra mente en la creencia en dos yoes, uno divino y el otro mortal. Entonces disipamos nuestra fuerza. Para mantener nuestro auténtico poder, debemos ser una única mente y un solo yo. Como Superman, debemos integrar nuestros yoes fragmentados para recuperar nuestros superpoderes. Después de años o vidas de estar fragmentados y desgastados por la existencia dualista, es posible que estemos deprimidos, descorazonados o enfermos. Podríamos sentir que estamos en una cárcel física. Sin embargo, el descenso a la dualidad nos motiva a encontrar el camino de vuelta a un solo yo. Finalmente, Superman descubrió cómo volver a unificarse, y nosotros también lo haremos. Antes o después intercambiaremos nuestros dos yoes por uno.

UNIR EL REINO

Un fariseo, que era experto en la ley religiosa, trató de poner a prueba a Jesús:

—¿Cuál es el mayor mandamiento del judaísmo?

Jesús respondió:

—Ama a Dios con todo tu corazón, con toda tu mente y con toda tu alma.

El mesías místico estaba apremiándonos a seguir mirando con nuestro único ojo el universo benevolente. Einstein dijo: "Creo que la cuestión más importante que afronta la humanidad es: '¿Es el universo un lugar amistoso?'". Jesús respondió a esa pregunta mucho antes de que Einstein la planteara. Cada uno de nosotros debemos llegar a esa profunda comprensión a través de nuestra propia indagación. Debemos decidir si veremos un universo dividido contra sí mismo, o un universo unificado por un Creador con una Mente. Cuando usamos la mente que usó Jesús y vemos tal como Dios ve, sabemos lo que Dios sabe, y somos sanados porque Dios es perfecto.

En la película *Cristal oscuro*, un reino se ha dividido en dos facciones intrínsecamente enfrentadas: los amables místicos y los malvados *skekis.* Los místicos son bondadosos, pero no tienen poder, y los *skekis* son poderosos pero egoístas. Su situación está simbolizada por un gran cristal que se ha quebrado, y lo que queda de él está diseminado por diferentes lugares a lo largo del reino. Al héroe de la película, Jen, se le encomienda la tarea de reunir las piezas separadas del cristal. Un vidente encarga a Jen cumplir la antigua profecía de que "lo que estaba separado y había sido deshecho volverá a estar completo, y los dos serán uno". Cuando Jen reemplaza el cristal roto, los místicos y los *skekis* se juntan y crean una nueva raza de una gloria inexplicable. Su magnificencia original queda restaurada. El clímax de la película es una de las imágenes metafísicas más asombrosas del cine; es muy recomendable y bien merece que la vea toda la familia.

DEDICADO AL OJO ÚNICO, AMOR

Si bien la enfermedad, el dolor y la muerte son apariencias fuertes en el mundo de la ilusión, en verdad no tienen poder sobre la realidad. Todo dolor es hijo de la separación y toda curación procede de la unidad. Los cristianos llaman a Satán "el mentiroso". Cuando consideras que alguien está enfermo, tullido o limitado, estás reforzando su dolor al encajarle en una identidad más pequeña de la que le corresponde. Cuando lo ves completo y radiante, le abres una puerta a la libertad. Cuanto más elevada sea la visión que tengas de tus seres queridos, más probable es que ellos la realicen. Jesús curó a los enfermos y resucitó a los muertos porque no los veía como enfermos ni como muertos. Solo veía la plenitud de su espíritu. La visión que Jesús tenía de su bienestar era tan poderosa que ponía en marcha las visiones de ellos, como una batería de coche completamente cargada estimula a otra aparentemente muerta para que vuelva a la vida. Aunque podemos dar la espalda a la vida, la vida nunca nos dará la espalda, porque somos vida. Puedes soñar que te has separado de tu verdadero Ser, pero no puedes llegar a esa situación imposible. Esta es la seguridad con la que Dios ha imbuido a Sus amados hijos.

La oración más sagrada del judaísmo es: "Oye, oh, Israel, el Señor nuestro Dios es Uno". Esto es más una afirmación metafísica que una oración. El universo es holográfico. Todo está conectado con todo. Hay Una Mente, no muchas. Cuando vemos la unidad detrás de las apariencias de separación, estamos viendo cómo vio Jesús, y nuestro único ojo revela que no hemos viajado lejos de Dios, sino que hemos estado en casa en todo momento.

12

BIENAVENTURADOS SON

Mi amiga Regina vivió un divorcio doloroso que conmovió su mundo. Cuando se casó con Brad, estaba segura de que iban a estar juntos para siempre. Esa visión feliz se quedó corta cuando, diez años después, Brad le informó de que iba a dejarla.

—No lo vi venir —me dijo—, pero, mirando atrás, me di cuenta de que el amor que una vez compartimos ya no estaba allí. A lo largo de los años nos habíamos distanciado más y más. Nuestra comunicación había disminuido hasta ser un hilito muy fino. Lo que empezó como una historia de amor había degenerado en una concha vacía.

—Entonces, ¿qué ocurrió? —tuve que preguntar.

—Aunque el divorcio me rompió el corazón, empecé a reclamar mi poder y a reunir los fragmentos de mí misma. Me uní a una iglesia progresista, asistí a clases de yoga y desarrollé mi negocio de decoración de interiores. Me sentí revivir por primera vez en mucho tiempo. Algunos problemas físicos que había estado teniendo se despejaron. El peso que había ganado para protegerme durante nuestro matrimonio se fundió. Al cabo de un año conocí a James, y comenzamos una relación saludable que ahora ilumina mi mundo. Lo que comenzó siendo la experiencia más dolorosa abrió la puerta a toda una vida nueva y mucho más gratificante.

Si bien los divorcios y otras situaciones tensas de la vida son dolorosas, a menudo conducen a despertar, a sanar y a una transformación que no habríamos logrado en una situación más fácil. Los momentos duros no pueden borrar las bendiciones que una vez disfrutamos, y en estas experiencias encontramos regalos ocultos. Si bien la personalidad pasa por un proceso difícil, el alma emerge. Lo que parecía un contratiempo acaba siendo la preparación de algo mejor.

En el famoso Sermón de la Montaña, Jesús explicó lo bienaventurados que somos todos, incluso cuando parece que no es así. El mesías místico nos invitó a reclamar la gracia. Este estado sagrado transforma los escollos en lisas piedras del camino, y mejora nuestra visión de las personas que observamos, que parecen oprimidas, victimizadas y marginalizadas. En este discurso conmovedor, Jesús llevó solaz a los enfermos, indulto a los culpables, coraje a los temerosos, y esperanza a todos los que anhelan ser liberados del sufrimiento.

LA VISTA DESDE LA CUMBRE DE LA MONTAÑA

El ascenso de Jesús a un lugar elevado representa a la parte de nuestra mente que ve la vida desde un nivel de conciencia superior. Esta voz imparte verdades que no podemos oír cuando estamos inmersos en actividades al nivel del suelo. La audiencia encontrándose con Cristo a cierta altitud indica que la mente humana es capaz de elevarse más allá de lo mundano para conectar con nuestro yo superior y absorber su sabiduría.

Al establecer las bienaventuranzas, el mesías místico no estaba simplemente prometiendo una redención futura o consolando a la gente sufriente con la esperanza de que un día su situación quedará solucionada. Jesús estaba subrayando que la salvación es *ahora mismo*. Esto son las bienaventuranzas: bendiciones en el aquí y ahora, en lugar de "algún día llegaremos allí". El maestro no dijo: "Seréis bienaventurados", dijo: "*Sois* bienaventurados".

Únete conmigo ahora para sentarnos ante el maestro mientras él enuncia sus verdades que producen la curación que anhelamos:

BIENAVENTURADOS SON LOS POBRES DE ESPÍRITU, PORQUE DE ELLOS ES EL REINO DE LOS CIELOS.

Los pobres de espíritu son dueños del reino de los cielos porque lo llevan dentro. Si bien la personalidad puede sentirse pobre, el alma es eternamente rica. El yo humano puede sentirse intimidado, pero el yo divino sigue estando plenamente empoderado. Resulta tentador exaltarse y apenarse con las ganancias y pérdidas de la vida diaria. Las finanzas, las relaciones o los problemas de salud pueden pesarnos. Pero los picos y valles de la experiencia mundana no pueden echar a perder nuestro legado divino. No te dejes distraer por las apariencias cambiantes del mundo. Tu verdadero ser está establecido en el perfecto bienestar, aunque tu yo humano pase por cambios. El amor sigue siendo real incluso cuando el miedo parece gobernar. En cualquier momento podemos retornar nuestra mente a las bendiciones, que brillan mucho más que cualquier sensación de carencia que pueda tentarnos.

BIENAVENTURADOS LOS QUE LLORAN, PORQUE ELLOS SERÁN CONSOLADOS.

Los que lloran serán consolados porque un día entenderán que en realidad nadie muere. Todos los que parecen morir permanecen con nosotros. Lo que vive no puede morir y lo que muere no puede vivir. Un día te reunirás con todos los que se han ido, ¡y qué reunión tan gloriosa será! En el mundo del tiempo, quienes lloran acabarán encontrando la paz. En el mundo más allá del tiempo, los que lloran pueden consolarse porque el amor que creen haber perdido aún sigue con ellos. El espíritu no llora porque, siendo vida, solo conoce la vida. Solo el ego percibe pérdida y muerte. Entretanto, la parte más profunda y verdadera de nosotros reconoce que la vida es eterna, y ninguna apariencia puede separarnos de la presencia del amor.

BIENAVENTURADOS LOS MANSOS PORQUE ELLOS POSEERÁN LA TIERRA.

"Manso" significa "humilde". Mientras los arrogantes luchan por el dinero, el territorio, las posesiones y el poder, los humildes no participan en conflictos basados en el ego. Se dedican calladamente a sus asuntos mientras que los belicosos se enfrentan unos a otros. El sanador Bruno Gröning dijo: "El mal queda atrapado en sus propias redes". Mientras los luchadores se hunden, los amantes prosperan.

La parte de ti que está relajada, que confía y no se siente seducida por el miedo, emergerá triunfante. Cuando el ego haya agotado sus campañas autoderrotistas, tu espíritu prevalecerá. Conforme nos damos cuenta de que somos los hijos del Altísimo, el esplendor, la belleza y la majestad del universo físico están a nuestra disposición para que los apreciemos y disfrutemos.

BIENAVENTURADOS LOS QUE TIENEN HAMBRE Y SED DE JUSTICIA, PORQUE ELLOS SERÁN HARTOS.

Entre las ilusiones que mantienen al mundo dando vueltas en agonía, los hijos de Dios tratan de conocer y de vivir una realidad superior. Los seres espirituales valoran la integridad más que la concesión. Los buscadores de la verdad ya están llenos porque sus valores nobles los elevan por encima de las refriegas.

La historia del mundo describe que los buenos son oprimidos y los malos triunfan. Los medios de comunicación están llenos de relatos de guerras, asesinatos, crueldad y corrupción. Ver las noticias es deprimente porque están inmersas en ilusiones, no en la verdad. Sin embargo, hay otro tipo de noticias que nos elevan. Cuando retiras la atención de las informaciones basadas en el miedo, la excitación y el sensacionalismo, reclamas la serenidad que esas informaciones destrozaron.

La injusticia social no puede contrarrestar la justicia divina, que se basa en el perdón y no en el castigo. Mientras que el miedo hace sonar sus sables, el amor confía serenamente. Cuando el terror agota su último "suspiro para derrumbar tu casa", la casa de Dios sigue en pie brillando al sol. El mal es una película de mala calidad que no tenemos que ver continuamente. En cualquier momento somos libres de salir del cine para respirar el aire fresco de un universo benevolente.

Un día las películas sobre el mal se disiparán en la nada en la que nacieron, y la película original que Dios tenía intención de proyectar las reemplazará. Tenemos la capacidad de entrar en el cine ahora si estamos dispuestos a enfocarnos en el mundo que preferimos, en lugar de en el mundo que tememos.

BIENAVENTURADOS LOS MISERICORDIOSOS PORQUE A ELLOS SE LES MOSTRARÁ MISERICORDIA.

Los pensamientos y sentimientos que tienes con respecto a otros te atraviesan en cuanto los generas. Cuando amas a alguien, te sientes elevado por el amor que das. Si juzgas, denigras u odias a alguien, experimentas instantáneamente los oscuros efectos de esas elecciones psíquicas. Recibes lo que das, tal como lo das. Allí donde la mente va, la experiencia le sigue.

Los misericordiosos, inmersos en la mentalidad de servicio, no esperan ser castigados por Dios y no se castigan a sí mismos. La venganza y el perdón funcionan en dos realidades totalmente diferentes; afirmar una es negar la otra.

Cuando extiendes misericordia a otros, la misericordia vuelve a ti al instante. Las promesas de Jesús hacen referencia no solo a la vuelta del buen karma en el futuro, sino a la experiencia del buen karma en el momento en que se ofrece. Cuando estás absorto en la bondad, no hay lugar para ninguna otra experiencia. Dar misericordia es hacerse uno con un Dios de misericordia, y despertar de la pesadilla del pecado y del castigo.

BIENAVENTURADOS LOS PUROS DE CORAZÓN PORQUE ELLOS VERÁN A DIOS.

El mundo que vemos depende de la visión que usemos para verlo. Las lentes del amor y del miedo revelan paisajes completamente distintos. Si nos consume el enfado, el resentimiento, la culpa, la venganza o las cosas materiales, nuestra visión de Dios queda oscurecida. Lo que vemos representa una elección; encontramos el mundo que estamos buscando. Un corazón puro solo busca y encuentra bienestar. Cuando limpiamos nuestra visión, el Dios que buscamos aparece ante nosotros. Ese Dios siempre ha estado con nosotros, pero nosotros no Le veíamos porque estábamos mirando hacia otra parte. Un corazón puro encuentra un amor siempre presente.

BIENAVENTURADOS LOS PACIFICADORES PORQUE ELLOS SERÁN LLAMADOS HIJOS DE DIOS.

La guerra no es la voluntad de Dios. La engendran personas que se sienten separadas del amor. Mientras que las guerras ocurren entre pueblos y naciones, ocurren aún más fundamentalmente *dentro* de las personas. Una mente dividida genera un mundo dividido. La paz externa es imposible mientras exista el torbellino interno. La paz del alma es la antecesora de la paz en la Tierra. *Un curso de milagros* pregunta: “¿Puede el mundo ser salvado si tú no lo eres?”.

Una mente saludable no acepta la guerra como un hecho de la vida. Lo que no es de la paz no es de Dios. El conflicto es el infierno porque está divorciado de la realidad. Muchas religiones han librado guerras, han hecho estragos y han matado en el nombre de Dios. Nunca se ha perpetrado una falsedad mayor. Dios une a las gentes e integra los elementos dentro de cada persona. Dios es plenitud, nunca fragmentación ni separación. Los hijos de Dios disfrutan de compleción ahora, y llevan el mundo a la paz al modelarla.

BIENAVENTURADOS LOS PERSEGUIDOS POR CAUSA DE LA JUSTICIA PORQUE SUYO ES EL REINO DE LOS CIELOS.

Las críticas y la persecución no pueden disminuir tu verdadero ser. El ataque injusto edifica tu autoconocimiento, pues te lleva hacia dentro, a encontrar la verdad más noble con respecto a ti para aferrarte firmemente a ella. Las personas que defienden una realidad mayor resultan amenazantes para los que están inmersos en el temor. Sin embargo, llegados a cierto punto, ya no encontramos alternativa a la autenticidad. Cuando los valores que el mundo te ha enseñado se quedan vacíos, estableces tu vida en un terreno más elevado.

No malinterpretemos la declaración de Jesús para glorificar el martirio. Él no nos estaba llamando a buscar la persecución ni a cargar con la vieja y rugosa cruz. Al contrario, nos llamaba a soltar la cruz y a caminar erguidos como personas totales. Jesús no quiere que adoptemos una mentalidad de víctimas. Si estás en paz contigo mismo y con Dios, los ataques externos no tienen poder. Estás en el cielo porque ocupas tu mente recta.

COMO DIOS PIENSA

Cuando el discípulo Pedro expresó sus dudas a Jesús, el maestro le dijo:

—Pedro, estás pensando como piensa la gente, no como piensa Dios.

Las bienaventuranzas son declaraciones de cómo piensa Dios. Cuando nos sentimos pobres, oprimidos o perseguidos, hemos olvidado nuestra abundancia inherente, nuestro empoderamiento y nuestro derecho a la justicia divina. En ese momento tenemos que elevar nuestra visión y reconocer que en la dimensión espiritual no hay carencia, pérdida ni victimización. Jesús estaba enseñándonos a atravesar el velo de las apariencias y a ver la realidad.

Las asombrosas palabras de Cristo en la ladera de la montaña han viajado a lo largo de los siglos como flechas en llamas para atravesar nuestros corazones y abrirlos a reconocer los regalos depositados delante de nuestra puerta. Ahora tú sabes lo que él sabe. Ahora tú sientes lo que él siente. Ahora tú eres lo que él es. Este despertar glorioso es precisamente lo que el mesías místico vino a realizar. Ahora está hecho.

13

EL REGALO DEL HIJO PRÓDIGO

El hijo pródigo es la más famosa de las parábolas de Jesús por una buena razón. En este breve pero épico relato, Jesús ilumina toda la dinámica de la separación de Dios que la humanidad se ha autoimpuesto y, lo que es más importante, nuestro transcendental retorno. Si esta hubiera sido la única enseñanza de Jesús en su paso por la Tierra, su contribución seguiría siendo inconmensurable.

> Cierto hombre tenía dos hijos. El más joven dijo a su padre: "Dame mi herencia ahora". El hijo tomó su riqueza y viajó a un país lejano, donde cayó en las malas compañías y dilapidó su fortuna viviendo de manera licenciosa. Cuando hubo agotado sus fondos, una gran hambruna asoló el país y él empezó a pasar hambre. De modo que tomó un trabajo con un hombre que le envió a alimentar a sus cerdos. El hijo tenía tanta hambre que empezó a mirar con buenos ojos la comida de los cerdos. Pero, aun así, nadie lo alimentaba.
>
> El sufrimiento del joven lo llevó a darse cuenta de que había sido un necio. Consideró que los sirvientes de su padre tenían comida en abundancia y que él se moría de hambre. Y dijo: "Volveré a casa y pediré perdón a mi padre y a Dios. Le diré que ya no merezco ser llamado hijo suyo y le pediré que me contrate como sirviente".
>
> Cuando el hombre se aproximaba a su hogar, todavía a cierta distancia, su padre lo vio. El anciano se llenó de compasión

y corrió a abrazar al muchacho. El hijo contó a su padre su necedad y que no merecía ser hijo suyo. Pero el padre estaba tan contento de que el hijo hubiera vuelto que les dijo a sus sirvientes que le vistieran con ropas elegantes y le pusieran un anillo en el dedo. El padre, feliz, celebró una gran fiesta, donde todos estaban contentos.

El hijo mayor, oyendo la festividad, se negó a asistir. Le dijo a su padre: "Yo te he servido durante muchos años, he seguido todas tus reglas y nunca te he desobedecido. Pero nunca diste una fiesta en mi honor. Ahora este otro hijo ha vuelto, después de gastarse tu dinero en prostitutas, y das una gran fiesta para él".

El padre dijo: "Hijo, tú siempre estás conmigo y todo lo que tengo es tuyo. Es correcto que celebremos y seamos felices, porque tu hermano estaba muerto para nosotros y ha vuelto a la vida; estaba perdido y ha sido hallado".

Como hijos de Dios, todos nosotros somos herederos de los regalos del reino. Nacimos llenos a rebosar de fuerza de vida y del poder de crear. Todavía conectados con el cielo, habitábamos en un estado de pura alegría e iluminábamos las vidas de quienes nos contemplaban.

Después, nos involucramos en un mundo que nos distrajo de nuestra naturaleza extática. Hicimos elecciones que agotaron nuestra vibrante energía en lugar de potenciarla. Nos hundimos en el juicio, en la división, en el diálogo interno negativo y en la culpa, y adoptamos una autoimagen degradante. Dimos nuestra atención a noticias descorazonadoras, a habladurías, a críticas, al pánico colectivo y a la guerra. Maltratamos nuestros cuerpos, nos vimos atrapados en adicciones y nos perdimos en amasar posesiones, en la búsqueda de estatus social, y en trepar la escala corporativa. Nos dejamos hipnotizar por la tecnología, el exceso de trabajo y la preocupación. Malgastamos los regalos de Dios en lugar de invertirlos en actividades elevadas que nos produjeran auténtica alegría.

Finalmente, "una hambruna recorrió el país", y los objetivos que pensábamos que nos harían felices quedaron desmontados. Las personas a las que tratábamos de agradar nos ignoraron o se volvieron contra nosotros; la pareja que pensamos que nos completaría nos abandonó, haciendo que nos sintiéramos vacíos y solos; nuestra lucha corporativa nos produjo ansiedad y úlceras; un derrumbamiento del mercado de valores diezmó nuestros ahorros; la religión que nos prometía el cielo nos depositó en el infierno; la tecnología que pensábamos que nos facilitaría la vida, nos volvió locos; y la preocupación que pensábamos que nos protegería nos dejó más inseguros que nunca. Ansiábamos la paz y la curación.

Todas las almas llegan a un punto de inflexión en el que nos damos cuenta de que, en verdad, hemos estado viviendo en un país extranjero, y de que queremos volver a casa. ¡Qué visión tan magnífica! Nos damos cuenta de que los valores que adoptamos nunca fueron los nuestros. Ahora, lo único que queremos es ser felices, y haremos lo que haga falta. Cambiamos de dirección y nos dirigimos hacia la casa de nuestro Padre, tratando de reclamar los dones del Espíritu en lugar de las recompensas vacías del mundo.

Sin embargo, mientras preparamos nuestro discurso de disculpas a Dios, Su voz amorosa nos interrumpe para decirnos: "Bienvenido a casa, mi querido hijo. Las disculpas son innecesarias. Lo único que me importa es que vuelves a estar conmigo". ¡Sin duda, esta ocasión merece una gran fiesta! Tú estabas entre los zombis, y ahora has vuelto a la vida.

Por encima de todo, Jesucristo fue un maestro de la gracia. Eliminó los pecados del mundo demostrando que ninguno de ellos era tan grande como para hacernos perder el amor de nuestro Padre celestial. A Dios no le interesa castigarnos. Aunque nosotros nos autocastiguemos, Dios solo quiere abrazarnos. El largo y duro viaje a través de un país de sufrimiento ha terminado. Estamos de camino a casa.

EL HERMANO VIRTUOSO

Entretanto, el hermano mayor siente celos porque ha hecho todo lo que se le ha pedido, y su padre nunca le organizó una fiesta como la que su hermano menor ahora disfruta. Un poco de historia iluminará la razón por la que Jesús hace este añadido al relato. Su audiencia estaba compuesta por judíos que vivían bajo la carga de una multitud de leyes que tenían que obedecer. El judaísmo ortodoxo prescribe seiscientos trece mandamientos detallados, que cada judío piadoso debe cumplir meticulosamente. A las personas religiosas les costaba cumplir la letra de la ley a fin de ser consideradas justas a los ojos de Dios y de la comunidad. En la medida en que eran sinceras, alcanzaron la bendición que otorga la vida religiosa.

El ministerio de Jesús estaba dirigido hacia las personas que más sufrían, y estaban hambrientas de curación. Conectaba con las personas descorazonadas y desanimadas que anhelaban ser liberadas de su dolor. En consecuencia, fue criticado severamente por los judíos por confraternizar con pecadores. De modo que ofreció este añadido a la parábola para ayudar a los religiosos a entender la importancia de liberar a la gente que se había perdido en un mundo de dolor.

Jesús estaba validando diplomáticamente a los practicantes de la religión por sus buenos trabajos y por sus esfuerzos por estar cerca de Dios. Su devoción les había ayudado a escapar de las garras de una vida descontrolada. Habían permanecido en la casa del Padre todo el tiempo. De modo que él abrazó a los piadosos así como a los penitentes. El mesías místico cubrió todas las bases en su parábola catártica.

DAR LA BIENVENIDA AL HIJO PRÓDIGO INTERNO

Como en todas las parábolas de Jesús, en esta hay un significado intrapersonal más profundo. Todos tenemos un elemento en nuestra mente que cree que debemos seguir las reglas religiosas o sociales para ganarnos el amor de Dios o el respeto de la sociedad. Es posible que vivamos una vida disciplinada que funcione para nosotros. También tenemos a un hijo pródigo interno que tiende a algún tipo de vida licenciosa. Estos dos elementos parecen estar en guerra entre sí, luchando constantemente por nuestra atención y por expresarse. Todos conocemos al ángel en el hombro derecho animándonos a hacer lo correcto, y al diablo en el izquierdo impulsándonos a hacer cosas divertidas. Estas dos tendencias se despliegan en nuestras vidas.

El hijo virtuoso parece estar más cerca de Dios porque sigue todas las reglas. Pero, en verdad, no se siente pleno porque buena parte de su vida consiste en cumplir con su deber; en gran medida está motivado por el temor a ser castigado si no sigue la línea que tiene marcada. Sin embargo, evita el tipo de líos en los que se ve envuelto el hijo pródigo. Su vida es más pacífica pero menos apasionada.

El hijo pródigo, por otra parte, está en la ruta directa al despertar. Es un practicante de yoga tántrico, y está inmerso en las actividades del mundo para obtener resultados. Amasa más dolor, pero cuando se harta de sus malas elecciones, su iluminación es profunda y duradera.

¿Cuál de los hijos es el que habita más claramente en ti? ¿Sigues las reglas pero desearías divertirte más? ¿Dejas que tu yo festivo se manifieste, te das con la cabeza contra la pared y después corriges el curso? ¿Cuáles son los beneficios del camino que has elegido? ¿Cuáles son sus débitos? ¿Cómo ha favorecido la ruta que sigues tu despertar espiritual?

DEJA QUE CREZCAN LAS MALAS HIERBAS

La historia del hijo pródigo va en paralelo con la otra parábola de Jesús en la que un granjero planta semillas de trigo, pero un enemigo se infiltra en sus campos y siembra cizaña. Cuando los sirvientes del granjero le preguntan si quiere que arranquen la cizaña, él responde:

—No, porque vais a arrancar las plantas buenas junto con las malas. Esperad hasta que el trigo y la cizaña hayan crecido, y entonces deshaceros de la cizaña y llevad el trigo al granero.

En ocasiones, es conveniente que los malos hábitos se desarrollen junto con los buenos, de modo que, cuando ambos maduren, el contraste entre ellos sea evidente. Entonces tendremos muy claro cuál preferimos. Con la sabiduría nacida de la experiencia, sentimos la motivación de abandonar los malos hábitos y conservar los buenos. Este es un entrenamiento más profundo y duradero que deshacerse de los malos hábitos cuando se están formando.

El hijo pródigo, al retornar conscientemente del país lejano, se convierte en un hijo aún más devoto de su padre. La disparidad entre el callejón sin salida en el que se encontraba, y la comodidad y los cuidados de la opulenta mansión de su padre, es algo que nunca olvidará. Esta experiencia le será muy útil si vuelve a sentir la tentación de extraviarse.

IDENTIFICARSE CON EL PADRE

En verdad, todos somos hijos pródigos. Hemos dejado la morada del Padre en busca de algo mejor. Tal como el hijo de la parábola, todos volveremos antes o después a nuestro verdadero hogar. Buscar la realización en un mundo impermanente acabará frustrándonos. Los regalos que el mundo promete son atractivos, pero en último término insatisfactorios. La cuestión no está en si haremos el giro de ciento ochenta grados, sino en cuándo lo haremos, y en cuánto sufrimiento estamos dispuestos a soportar antes de que se nos encienda la bombilla y recordemos lo bien que estábamos antes de decidir buscar la realidad en un mundo de ilusiones. *Un curso de milagros* nos dice: “La tolerancia al dolor puede ser alta, pero no es ilimitada”. Aunque nos tome cierta cantidad de frustración y desesperación cambiar de dirección, el camino a casa siempre está abierto. A nuestro Padre no le produce rechazo nuestro descaro. Más bien, nos recibe con los brazos abiertos.

Si bien podemos identificarnos con el hermano virtuoso y/o con el pródigo, la gran enseñanza de la parábola es que nos identifiquemos con el padre perdonador y compasivo. Estamos llamados a permitir que su voz ocupe el centro del escenario en nuestra mente. Nuestra alma sigue establecida en nuestro hogar celestial, aunque algunos elementos de nuestra personalidad despilfarren su energía en una vida licenciosa o sigan innumerables reglas con cierto resentimiento. Volver a la casa del padre es convertirse en el padre y dejar atrás todas las identidades menores. Nuestro yo superior abraza todas las partes de nuestra expresión terrenal, reconoce el bien que hacemos y nos acepta cuando nos metemos en líos. Jesucristo mantuvo esta identidad expansiva, y a través de esta parábola intemporal, nos llama a hacer lo mismo.

14

EL VERDADERO SIGNIFICADO DEL PERDÓN

Cuando el marido de Pam, Tom, tuvo una aventura, su amante se quedó embarazada.

—Tom vino a mí, me explicó la situación, y me dijo que lamentaba profundamente la aventura, y que quería renovar nuestro matrimonio —me contó Pam—. Sentí que Tom era sincero, de modo que acepté. Cuando ambos nos dimos cuenta de que la madre de la niña era una enferma mental y no sería una buena madre, decidimos adoptarla y criarla como si fuera nuestra.

Muchas esposas no habrían sido tan compasivas con sus maridos y sus bebés "ilegítimos" —pero cada niño es legítimo a los ojos de Dios—. Una esposa así podría decir:

—Me has engañado. Este es tu problema, no el mío.

Sin embargo, Pam entró en un lugar más profundo de su corazón y quería que la bebé tuviera una crianza sana. Y realizó un acto de perdón extraordinario.

Todos lidiamos con pensamientos y sentimientos de no perdonar. El discípulo Pedro se acercó a Jesús y le preguntó:

—Cuando alguien me trate mal, ¿cuántas veces debería perdonarle? ¿Siete veces?

Jesús respondió:

—No siete, sino setenta veces siete.

Jesús añadió a su respuesta una de sus parábolas más afiladas:

> Un rey estaba poniendo en orden sus cuentas con sus sirvientes cuando descubrió que uno de ellos, a quien había prestado una enorme cantidad de dinero, no se lo había devuelto. El rey convocó al sirviente y le dijo que, como no había devuelto su deuda, sería vendido como esclavo. El sirviente se sintió aterrado, cayó de rodillas e imploró la misericordia del rey. El rey se sintió conmovido y lleno de compasión, de modo que le perdonó al sirviente toda su deuda.
>
> Más adelante, el rey se enteró de que el sirviente al que había perdonado había prestado a otro sirviente una mínima cantidad de dinero, y cuándo este no se la devolvió, el prestamista hizo que lo encerraran en prisión. Al oír esto, el rey se enfadó con el sirviente al que había perdonado, e hizo que le castigaran severamente hasta que le devolvió su deuda.

En *Un curso de milagros,* Jesús resume limpiamente esta parábola:

> Dios solo ofrece misericordia. Tus palabras deberían reflejar solo misericordia, porque eso es lo que has recibido y eso es lo que deberías dar.

Todos somos sirvientes que debemos al rey una gran deuda, o al menos eso creemos. A través de la vida inconsciente y los errores acumulados, todos hemos creado una gran deuda kármica que, de acuerdo con los profesores de la reencarnación, nos llevará muchas vidas devolver. Pero Jesucristo dio la vuelta a la ley del karma y la reemplazó con la Ley de la Gracia. Si a todos se nos exigiera hacer una penitencia estricta por nuestros pecados, tendríamos un gran problema y nos quedaríamos atascados en las ruedas del karma durante eones. Pero Jesucristo nos presentó a un Dios de misericordia, no de represalia. Todo su ministerio estuvo dedicado a liberar a la humanidad de la carga de creer en el pecado y el castigo, y a restaurarnos a nuestra inocencia original. Dijo: "Mi gracia es suficiente para ti".

La cantidad de perdón que Jesús prescribió a Pedro, "setenta veces siete", no representa un número concreto. Jesús no quería decir: "Cuando hayas perdonado cuatrocientas noventa veces, ya puedes repartir castigos". El término "setenta veces siete" significa "un número ilimitado de veces". La cantidad de perdón que tenemos que extender no tiene fin. El mensaje es: *simplemente, sigue perdonando.*

UNA VISIÓN MÁS ELEVADA DEL PERDÓN

Un curso de milagros nos dice que la noción de perdón que la mayoría de la gente tiene es muy limitada, y no penetra hasta las profundidades del regalo que el auténtico perdón otorga. Generalmente consideramos que el perdón significa: "Tú me hiciste algo muy malo que me hizo daño. Pero yo seré magnánimo y pasaré por alto el dolor que me has causado".

Esta visión mantiene tanto al perdonador como al agresor en una cárcel psíquica. Implica que la víctima todavía es pequeña, impotente y vulnerable a los actos indiscretos de otro individuo cruel. También implica que una persona tiene el poder de determinar la experiencia de otra. Esto puede ser así en la historia del mundo, pero la historia del mundo sigue dando vueltas en dolorosos ciclos de los que la humanidad no ha podido escapar. Villano, víctima, represalia, separación, pena, dolor... Villano, víctima, represalia, separación, pena, dolor... y así sucesivamente. Este es el drama sobre el que se construye la historia de la humanidad, excepto en raras ocasiones en las que alguien se eleva por encima de la vieja historia y elige otra nueva.

La nueva historia es una visión más elevada del perdón:

> Soy una expresión eterna, poderosa e invulnerable de Dios. Creo mi experiencia con mis pensamientos y actitudes. Tú no tienes el poder de arrebatarme mi felicidad a menos que yo te lo otorgue. Ahora recupero el poder que te di de hacerme daño. Mi verdadero ser es intocable y está seguro. Lo que hiciste pareció herirme solo porque interpreté que tus acciones me victimizaban. Elijo no verme más como una víctima de tus acciones, ni de las acciones de nadie. Soy el creador soberano

e independiente de mi vida. Ahora te libero del acto que guardaba contra ti. Me libero a mí mismo junto contigo, y disfruto de una vida alegre y empoderada.

Esta versión del perdón es mucho más positiva que creer que otros pueden darte la felicidad o arrebatártela. Aquí reside la liberación que hemos estado anhelando.

LIBERAR A OTROS TE LIBERA A TI

En la parábola del sirviente desagradecido, la misericordia significa liberar a otra persona de la deuda contraída contigo. Esta dinámica va mucho más allá del dinero. Cuando nos negamos a perdonar, en nuestra mente mantenemos a esa persona en un estado de endeudamiento. Su cuenta bancaria kármica está en rojo. Mantenemos una espada sobre su garganta y amenazamos con devolverle el dolor causado, y a veces lo hacemos. O esperamos que sea castigada por la "justicia poética". Sin embargo, no hay poesía en el castigo. La única poesía real es el perdón.

La actitud de deuda y castigo acaba volviéndose contra nosotros porque, en el momento en que lanzamos el libro del karma a la otra persona, nos lo lanzamos a nosotros mismos. Si ellos están sujetos a una represalia cáustica por su pecado, nosotros también. Aquí es donde Jesús brilla como maestro psicólogo. No escaparás al juicio que impongas a otros. Cuando caes dentro del ámbito de juzgar, todas las personas y cosas son juzgables, incluyéndote a ti mismo. Solo en la ilusión del ego puedes proyectar tus pecados sobre otros escapando así de ellos. En el acto de juzgar, entras en el tortuoso mundo del pecado y el castigo, lo que crea un infierno en la Tierra tanto para aquellos que lo dan como para los que lo reciben. Cuando lanzas a alguien a la cárcel de la condenación, tienes que sentarte en la puerta de su celda para asegurarte de que no escape. De modo que estás en prisión junto con la persona a la que has encarcelado.

En algunas traducciones bíblicas, el sirviente desagradecido es "entregado a sus atormentadores". Esta es una buena descripción de lo que ocurre cuando conservas un resentimiento. Permaneces sujeto a tus propios pensamientos atormentadores y eres tú quien sufre. La persona a la que no perdonas no se siente herida en absoluto por tu falta de perdón. Puede estar pasándoselo bien mientras tú sufres. "El resentimiento es como tomar una cucharada de veneno y esperar que muera la otra persona". El resentimiento hiere más a la persona que se resiente que al objeto del resentimiento.

Dios no es un Dios castigador. Nosotros somos humanos castigadores. Algunos profesores de metafísica reemplazan el término "el Señor" con "la Ley". Esto retira la imagen muy primitiva de Dios como un anciano de larga barba sentado en una nube distante que lanza pastillas de goma a unos pocos afortunados y rayos iracundos a otros. Si no te gusta la idea de que Dios es una persona, contémplalo como un principio. La Ley de la Mente dice que, cuando deseas el mal a alguien, te lo estás deseando a ti mismo. Cuando tienes buenos deseos hacia alguien, los tienes hacia ti mismo. Cuando Jesús dijo: "No juzgues para no ser juzgado", estaba hablando de una dinámica psicológica más que de un sistema de tribunales cósmicos. Cuando mostramos misericordia, recibimos misericordia, porque lo que damos a otros nos lo damos a nosotros mismos en el momento de darlo.

EL PERDÓN COMO LIBERACIÓN

La palabra "perdón" está muy cargada para mucha gente porque creen que, de algún modo, perdonar les lleva a perder. Me gusta sustituirla por la palabra "liberar", que tiene una connotación muy positiva. Cuando liberas algo o a alguien, te quedas más ligero y feliz, exactamente lo que ocurre cuando perdonas.

Si te cuesta perdonar, practica esta visualización:

> Imagínate ante una radiante luz dorada o blanca —o de cualquier otro color que te alivie—. A continuación, en tu mente, toma un pequeño objeto, como un bolígrafo o una taza, y elévalo hacia la luz. Dite a ti mismo: "Libero este ____ a la luz". Seguidamente, imagina que el objeto se funde en la luz y desaparece.

Después de practicar con algunos objetos simples, libera algunos elementos de tu vida que te resulten difíciles. "Libero este proyecto a la luz". "Libero mi situación económica a la luz". A medida que visualices estas situaciones desapareciendo en un precioso campo de energía curativa, brillante y hermoso, te sentirás más feliz, más ligero y más libre, y la situación que has entregado dejará de oprimirte.

Cuando hayas entrado en el flujo del ejercicio, toma a alguien que te haya hecho pasarlo mal, y libera a esa persona a la luz. Observa su cara, sus rasgos físicos, las características de su personalidad, y di: "Libero a [Nombre de la persona] y nuestra relación a la luz". Sigue respirando profundo, relajadamente, y visualiza tu historia con ella, o tu manera de pensar con respecto a ella, fundiéndose en la luz hasta que esa persona y tu relación desaparezcan, y solo quede la luz. Esta visión de la persona refleja su verdadera naturaleza como alma gemela.

Si haces este ejercicio sinceramente, te sentirás aliviado de la carga que esa relación representa para ti, y probablemente experimentarás alguna manifestación de tu conciencia elevada.

Lo que acabas de hacer es un acto de perdón. No solidificaste el pecado de esa persona y después trataste de deshacerte de él. En cambio, dejaste que su pecado se disolviera en el gran Todo Lo Que Es. Si lo prefieres, puedes resolver todos tus problemas de perdón sin usar la palabra "perdonar". El perdón es liberación, cualquiera que sea el nombre que le pongas. El "perdón" es "para dar",[3] no para conservar.

INVERTIR EN TU PROPIA SALVACIÓN

Se te ha dicho que cuando muestres misericordia, también se te mostrará a ti. Esto es cierto, pero no porque cuando eres buena persona Dios te premia; esta es una interpretación muy elemental

3. Aquí el autor hace un juego de palabras con "forgiveness" [perdón] y "for giving" [para dar] en el original inglés. (N. del t.)

de la Ley de la Mente. Cuando muestras misericordia, la misericordia te será mostrada porque has anclado tu mente en un estado de conciencia misericordioso. La Ley de Atracción atrae hacia nosotros a las personas y experiencias que reflejan nuestros pensamientos. Dar misericordia te catapulta a un mundo de misericordia. Cuando distribuyes castigos, te enredas en una mentalidad de culpa. La misericordia te aleja de ese desagradable dominio y planta tus pies en los jardines del cielo.

Esperas que otros te hagan a ti lo que tú les haces a ellos, para bien o para mal. Las personas bondadosas esperan ser tratadas con bondad, y en general lo son. Las personas desagradables esperan ser tratadas con rudeza, y en general lo son. Cada acto que generas te pone a merced de otro acto equivalente.

Dar misericordia, por tanto, o perdonar, es la mejor inversión que puedes hacer para tu propia salvación, siendo la salvación la liberación del sufrimiento. No necesitas rezar a Dios para liberarte de tu sufrimiento, aunque ese es un buen comienzo. Dios ya te ha liberado. Ahora tú debes liberarte a ti mismo al no hacer nada que haga que alguien, incluyéndote a ti mismo, sufra. Los demás son tú mismo disfrazado. Lo que les haces a ellos te lo haces a ti mismo.

Lo que el receptor de tu perdón haga con tu regalo no es asunto tuyo. Esa persona puede aceptar tu ofrenda o rechazarla. Eso no importa. Si no puede aceptar tu perdón, o continúa con un resentimiento hacia ti, tiene su propio trabajo interno que hacer. Entretanto, tú has hecho lo que tienes que hacer. Estás bien contigo mismo y con Dios. El Creador no puede pedir más de ti.

Dios ya ha perdonado tu deuda. La Fuerza del Amor ha anulado tu hipoteca y ha inscrito tu nombre en la escritura de tu patrimonio divino. No debes nada a Dios excepto gratitud. En el sistema de contabilidad espiritual, siempre has sido solvente y siempre lo serás. Solo en el mundo de la ilusión jugamos al juego de las deudas. La manera de liberarte del anzuelo es soltar a otros. Entonces te conviertes en el sirviente agradecido y libre de un rey complacido. Finalmente, a medida que te conviertes en el padre acogedor de la parábola del hijo pródigo, te conviertes en el rey perdonador de la parábola que es tu vida.

15

SACAR LA VIGA

Un hombre con problemas mentales monta regularmente en bicicleta por nuestro vecindario y grita a la gente que pasa conduciendo. Él cree que los tubos de escape contaminan el entorno, y que nadie debería usar coches. Incluso atacó con un espray a una mujer que llevaba la ventanilla bajada. Ha estado en la cárcel y ha salido de ella.

Un día, mientras daba un paseo, este hombre se me acercó. Traté de ignorarle, pero empezó a hablarme:

—¿Crees que puedo salvar a esta salamandra? —me preguntó, mientras me enseñaba una pequeña criatura que tenía en la mano. —Parece que está deshidratada —comentó mientras le acariciaba suavemente la espalda—. Voy a llevarla al lago. Espero que beba y se sienta mejor.

Se encogió de hombros y añadió:

—Incluso si no sobrevive, es una criatura de Dios. Como todos nosotros, tiene vida eterna.

Con esto, me sonrió y me dijo:

—Que tengas un buen día.

Y siguió su camino, llevando a la salamandra en una mano mientras conducía la bicicleta con la otra. Me paré en seco. Aunque tenía intensos juicios con respecto a este hombre y evitaba su presencia, había un aspecto de él que era amable y amoroso, incluso parecido a Cristo. No era simplemente un chiflado. Tenía buen corazón. Me sentí tocado e inspirado por esta persona a la que había calificado como indigna de amor.

> ¿Por qué miras la mota de polvo en el ojo de tu hermano y no prestas atención a la viga en tu propio ojo? ¿Cómo puedes decir a tu hermano: "Deja que te quite la mota del ojo", cuando en todo momento tienes una viga en el tuyo? Hipócrita, primero saca la viga de tu propio ojo, y entonces verás con claridad cómo retirar la mota del ojo de tu hermano.

Resulta tentador intentar corregir a otras personas en lugar de a nosotros mismos. La campaña para cambiar a otros nos distrae de afrontar nuestros propios asuntos. Cuando no queremos ver un rasgo o un comportamiento indeseable en nosotros, los proyectamos en otros. Entonces creemos que tenemos que arreglar o manipular su conducta, o librarnos de ellos, en lugar de abordar nuestros propios temores y creencias limitantes. Este es el ardid del ego para no reconocer nuestra sombra. Convertimos a ciertos individuos, géneros, grupos étnicos, religiones, razas o nacionalidades en el diablo, y después les declaramos la guerra para enmendarlos o purgarlos de nuestra experiencia. Pero la guerra no está ahí fuera. Está aquí dentro. Nunca ganaremos la batalla externa porque estamos batallando con nuestra sombra. Sally Kempton dijo: "Es duro luchar contra un enemigo que tiene puestos avanzados en tu cabeza".

EL GRAN TEST DE LA MANCHA DE TINTA

El mundo es un gran test de la mancha de tinta, pues nos revela lo que proyectamos sobre él. Asistí a una conferencia espiritual donde una ponente presentó diapositivas para ilustrar su lección. Una de las diapositivas incluía el dibujo de una máquina tragaperras. Al ver esa imagen, una mujer del público gritó:

—¡Eso es la demostración! ¡Eres una agente del anticristo! Tu última diapositiva mostraba el número '666', ¡la marca de la bestia!

Asombrada, la ponente volvió atrás a esa diapositiva, que mostraba la máquina tragaperras con tres cerezas en sus ventanas. Hacía falta estirar mucho la imaginación para interpretar las cerezas como el "666", pero la mujer que había protestado hizo exactamente eso. Para todos los miembros del público, era evidente que la intención era presentar cerezas, no números, y se rieron de la sugerencia.

Cuando buscas al anticristo, si lo intentas con suficiente determinación, puedes encontrarlo. Y si estás buscando a Cristo, también puedes encontrarlo. *Un curso de milagros* nos dice que cada persona con la que nos encontramos es Cristo esperando ser revelado. Esa revelación viene de la visión que estamos usando. Vemos lo que elegimos ver e ignoramos todo lo demás. Como dijo Dale Carnegie: "Dos hombres miraron desde los barrotes de la prisión. Uno vio barro, el otro estrellas".

DISFRUTA DE LA VISTA

En el último capítulo nos hemos enfocado en la futilidad de juzgar a otros. Sin embargo, el juicio más importante de liberar es el juicio sobre uno mismo. Cualquier juicio que tengas sobre otros es la proyección de un juicio que tienes sobre ti mismo. Si te perdonaras sinceramente, al mismo tiempo dejarías caer tus juicios con respecto al mundo y te librarías de ellos. Muchos de nosotros somos brutalmente duros con nosotros mismos. Nos apaleamos por la mínima ofensa percibida. Si hacemos una tarea bien al noventa y nueve por ciento, y no tan bien en el uno por ciento restante, recordamos el uno por ciento y nos regañamos por nuestro fracaso. La mayoría de la gente tiene una opinión mejor de nosotros que la que nosotros tenemos de nosotros mismos. Si pudiéramos apreciarnos tanto como nos valoran otros, avanzaríamos a la velocidad de la luz.

La compañía de jabones Dove patrocinó un experimento fascinante. Los organizadores pidieron a una serie de mujeres que se describieran a sí mismas a un artista forense, que no podía verlas porque estaban sentadas detrás de una cortina. El artista dibujó un retrato de cada mujer basado en su propia descripción. A continuación, otra mujer, que acababa de conocer a esas modelos, se las describía al artista, y este dibujaba las descripciones de la observadora. Cuando el artista sostenía los dos dibujos uno al lado del otro, ¡la diferencia era abismal! Los retratos de las mujeres que se describían a sí mismas eran bastante feos y no las ensalzaban. Los retratos descritos por la observadora eran agradables y atractivos. (YouTube: *Dove Real Beauty Sketches*). Otros ven mucha más belleza y bien en nosotros del que nosotros contemplamos en nosotros mismos. Como se suele decir: "Un amigo es alguien que te mira y disfruta de lo que ve".

Jesús enseñó: "Ama a tu prójimo como a ti mismo". Generalmente, interpretamos la regla dorada como una admonición para ser más bondadosos con los demás. Extendemos a otros la gratitud, el servicio y el perdón que nos negamos a nosotros mismos. Pasamos por alto sus errores y apremiamos a nuestros seres queridos a que cuiden mejor de sí mismos y a que traten de conseguir sus sueños. Entretanto, nos forzamos a nosotros mismos hasta el agotamiento o la enfermedad, y posponemos las cosas que nos harían felices. Si nos diéramos la aceptación y los ánimos que damos a nuestros seres queridos, ¡estaríamos aplicando realmente la regla dorada!

La razón por la que no deberías juzgar es que no *puedes* juzgar. No tienes ni idea de cómo un acto particular encaja en el plan mayor de tu vida o de la vida de otra persona. Un error enorme por el que te condenas a ti mismo puede acabar siendo una gran oportunidad. Hace falta confianza y paciencia para permitirnos descubrir la verdad, aunque cometamos errores a lo largo del camino. Los libros de récords nunca muestran cómo va la puntuación en el descanso del partido.

DISCERNIMIENTO, NO JUICIO

Soltar el juicio no significa que tengamos licencia para hacer cosas desagradables, ni que tengamos que soportar el abuso. Tenemos que liberar el juicio, pero conservar el discernimiento. El discernimiento es la capacidad de distinguir entre las acciones sabias y las alocadas. Si se te pide que hagas algo que va en contra de tu conciencia, debes negarte. Si ves que otra persona sufre un acto de abuso, no debes condonarlo. Si tienes una elección significativa que hacer, y una de las alternativas habla a tu corazón con más fuerza que la otra, debes elegir de acuerdo con tu brújula interna. Decir "no" a lo que no está bien para ti despeja el camino para lo que te encaja de verdad.

¿Cómo distinguir entre juicio y discernimiento? El juicio conlleva una carga emocional. Si estás molesto con el comportamiento de alguien o con alguna situación, has caído en el juicio. El miedo alimenta al juicio, tal como ocurre con todo disgusto. Intenta no actuar nunca cuando estés disgustado. Es probable que tu acción se vuelva contra ti, y tendrás que desandar tus pasos y volver a elegir, esta vez desde la mente superior y no desde emociones densas.

El discernimiento se fundamenta en la serenidad de la guía interna. Podrías emprender las mismas acciones que cuando juzgas, pero sin carga emocional y sin las resistencias basadas en el miedo ni en la vuelta del karma. Percibes el camino que es compatible con tu guía e intención, y lo sigues. Confías en que, si sigues tu verdadera voz interna, todo el mundo estará bien servido. Cuando actúas desde el discernimiento, tus elecciones funcionan y avanzas con firmeza en tu camino.

UNA SOFISTICADA LECCIÓN DE PSICOLOGÍA

La metáfora de retirar la viga de tu propio ojo en lugar de intentar retirar la mota del ojo de tu hermano es una sofisticada lección de psicología. En pocas palabras, Jesús dio a la humanidad la clave para eliminar el conflicto y el derramamiento de sangre. Si admitiéramos en nosotros los rasgos que nos esforzamos por borrar en otros, y examináramos nuestros propios miedos en lugar de atribuir culpas, no habría asesinatos, guerras ni genocidios. Si las personas que odian a otros sanaran su odio hacia sí mismas, se aliviarían del tormento de detestar a otros o de necesitar controlarlos o librarse de ellos.

Si descubres que estás enfadándote con alguien o juzgándole, pregúntate por el miedo que su conducta ha activado en ti. La ira es miedo bajo presión. Cuando identificas el miedo subyacente y lo sometes a la luz de la conciencia superior, tu disgusto se disipará, y sabrás exactamente cómo lidiar con esa persona. Él o ella puede permanecer en tu mundo, pero ya no perderás la paz en su presencia. O es posible que esa persona salga de tu experiencia. En cualquier caso, serás libre del disgusto que sentiste hacia ella. Sanar las relaciones es un trabajo interno.

Si te descubres juzgando a otra persona, pregúntate si haces alguna vez el acto por el que la juzgas. En la mayoría de los casos, la respuesta será sí. Temes u odias con tanta vehemencia esa conducta que te identificas con su opuesto. Este proceso de autoindagación requiere honestidad y una fuerte intención de ser libre. Si puedes aceptar el papel que desempeñas en tu disgusto, y te amas y aceptas incluso con ese rasgo indeseable, ya estás bien avanzado en el camino de sanar todas tus relaciones.

Jesucristo no nos aconsejó escapar de la vida, sino tomar el meollo de las situaciones de la vida, especialmente de las relaciones, y aplicarles la sabiduría superior para escapar del dolor que muchas de ellas nos producen. No nos pide que seamos santos, sino simplemente que estemos dispuestos a hacer nuestra parte para sanar las interacciones difíciles. No podemos permitirnos esperar hasta que otra persona haga una propuesta de curación. Debemos iniciar el cambio mirando hacia dentro sin temor. Solo cuando hemos sanado nuestros propios juicios basados en el temor podemos decir que somos libres.

16

UNA LEY MÁS ALTA

En la escuela de posgrado fui asistente del decano de estudiantes. Mi primera tarea consistía en responder a las empresas que pedían recomendaciones para los graduados que habían solicitado trabajos. En la mayoría de los casos era una tarea fácil, pues a los estudiantes les había ido bien en sus estudios y podía recomendarlos con confianza.

Después recibí una solicitud de recomendación para un estudiante que había obtenido malos resultados en sus estudios. Había tenido malas notas, había suspendido y después volvió. Los informes mostraban que era antisocial, que había participado en peleas y que había estado a prueba. Apenas había llegado a graduarse. En mi opinión, no merecía una recomendación en absoluto.

Cuando mostré mi propuesta de rechazo al decano Blanton, repasó las hojas de los informes sobre este estudiante y sonrió levemente.

—Escribamos una recomendación para él —dijo—. Démosle una oportunidad.

Al volver a escribir mi respuesta, me di cuenta de que el decano me había enseñado algo que estaba muy por encima de lo aprendido en las clases de psicología que me habían dado. El decano Blanton pasó por alto los errores del estudiante y reemplazó la condena con el perdón. Tenía más ganas de ayudar al estudiante que de penalizarlo. Hasta el día de hoy, muchos años después, esta interacción destaca como uno de los recuerdos más importantes de mi educación.

LA GRACIA SUPLANTA AL KARMA

El mesías místico dio una de sus enseñanzas más penetrantes cuando se encontró con una mujer a la que habían pillado en un acto de adulterio. Una multitud de hombres enfadados la llevaron a un muro de Jerusalén, cerca de donde Jesús estaba sentado. Mientras estos hombres cogían piedras para asesinar a la adúltera, uno de ellos le preguntó al maestro:

—La ley enseña que el castigo por el pecado de esta mujer es la muerte. ¿Qué dices tú?

Jesús se sentó serenamente, dibujando un círculo en el suelo con el dedo. Y finalmente respondió:

—Aquel de vosotros que esté libre de pecado, que tire la primera piedra.

Al oír esto, uno a uno, los hombres dejaron caer las piedras y se alejaron.

—¿Quién te condena ahora? —preguntó Jesús a la mujer, a la que le caían lágrimas por las mejillas.

La mujer levantó la vista hacia la plaza vacía.

—Nadie, señor.

—Yo tampoco te condeno —dijo él—. Ve y no peques más.

Desde un punto de vista humano, todos somos pecadores. Todos hemos violado las leyes de la religión, de la sociedad y de la moralidad. Si tenemos en cuenta la letra de la ley, todos merecemos castigo.

Sin embargo, Jesucristo demostró una ley superior. La gracia pasa por alto nuestros errores y, como aconsejó el decano Blanton, dice: "Demos una oportunidad a este tipo". El maestro espiritual Paramahansa Yogananda, autor del clásico *Autobiografía de un yogui,* dijo: "La Ley de la Gracia suplanta a la ley del karma".

La compasión es más poderosa que la venganza. Si el castigo fuera la justicia definitiva, todos tendríamos un gran problema. Mahatma Gandhi dijo: "Ojo por ojo y diente por diente dejará a todo el mundo ciego y sin dientes". Jesús enseñó: "El corazón de la ley es la misericordia". Nos llamó a vivir según este principio en lugar de las duras reglas que hemos fabricado.

LIBERTAD PARA EL ACUSADOR

En este incidente, Jesús llevó curación no solo a la mujer, sino también a la multitud iracunda. Enredados en su enfado y en su furia por castigar, no se daban cuenta de que el asesinato mancharía sus almas todavía más de lo que el acto de adulterio había herido a la mujer o a su marido. La liberación de la mujer por parte de Cristo salvó a la multitud iracunda del pesado karma que generarían para sí mismos. Cualquier acusador, si bien aparentemente es justo, sufre tanto como la persona a la que castiga, y tal vez más. El error del pecador es singular y evidente; el enfado del acusador le destroza subconscientemente de manera continuada. El ego nos dice que lanzar un juicio sobre otro nos liberará de nuestra propia culpa, pero lo único que consigue es enterrar la culpa todavía más profundo. Si aquellos hombres hubieran matado a la mujer, se habrían alejado habiendo hecho un juicio "justo" —la punta del iceberg del autojuicio— que les torturaría hasta que crecieran más allá de la mentalidad de condenación. Al liberar a la adúltera y alejar a la multitud, Cristo salvó a ambos.

¿DE QUÉ PERSONAJE TE APROPIAS?

Si bien esta anécdota parece ser un pasaje de la saga bíblica, es de manera más fundamental una radiografía de las dinámicas de nuestra mente. El pecador, el acusador y el liberador, cada uno desempeña su papel en nuestra psique. El pecador ha violado la ley social o religiosa; el acusador apunta con el dedo hacia la culpa; y el liberador borra la violación y salva al pecador del castigo, al tiempo que libera al acusador de su torbellino interno.

¿Con qué personaje te identificas? Podrías pensar en ti mismo como en un pecador que espera ser castigado. O podrías identificarte con la multitud enfadada, dispuesta a ejecutar el castigo. Vivimos los días alternando entre el sentimiento de culpa y el castigo de la culpa; son los dos lados de la misma moneda. Pero ninguno de estos planteamientos funciona, porque tanto sentirse culpable como utilizar la culpa son cosas que nos hunden en el infierno.

En último término, el personaje con el que estamos llamados a identificarnos es el de liberador, expresado por Jesús. Él quiere que veamos la situación desde su punto de vista, y que nos liberemos en la misma medida que aquellos a los que juzgamos. Si bien en el teatro del mundo tendemos a encarnar nuestros roles sociales, en el escenario más amplio estamos llamados a aceptar nuestro papel divino. *Esta* es la mayor historia jamás contada.

EL GPS SUPERIOR

Finalmente, Jesús le dice a la mujer:

—Ve y no peques más.

Su perdón del adulterio no es un manto licencioso para que ella o nosotros continuemos con comportamientos que nos hieren o hieren a otros. Él estaba diciendo: "Quiero que tengas una vida mejor. Por favor, cuida bien de ti misma y no te pongas ni pongas a otros en situaciones dolorosas. Te amo lo suficiente como para redirigirte".

Un curso de milagros distingue entre el pecado y el error. Todos hemos cometido muchos errores, pero nunca hemos pecado. Un pecado implica que hemos ofendido a Dios, y que merecemos ser heridos. Pero no podemos ofender a Dios, porque Dios es amor y solo amor, y el amor no asume ofensas. Solo el ego se ofende. No merecemos castigo como tampoco lo merecía la adúltera. Solo uso la palabra "pecado" porque este es el término que usan las biblias en sus traducciones al español. La palabra se deriva del arameo, del hebreo y del griego originales. Es un término que procede del tiro con arco y significa "no dar en la diana". De modo que un pecado simplemente significa que nos hemos desviado de nuestro camino. No es una señal de condena, sino una llamada a volver a la senda.

Si usas un navegador GPS para guiarte a tu destino y sales de la ruta programada, la voz del GPS simplemente dice: "recalculando", y te ofrece nuevas direcciones desde el punto en el que ahora estás. Generalmente, el GPS no se involucra emocionalmente ni te dice: "¡Idiota! ¿No has seguido mis indicaciones? ¡Ahora tienes un gran problema! Como no me has escuchado, voy a dejar de ayudarte. ¡El Señor te castigará por violar mis instrucciones!".

Qué tonto sería que el GPS se tomara personalmente que no cumplas sus instrucciones. Esto se debe a que el GPS opera con principios científicos y no emocionales. El sistema está más interesado en ayudarte a llegar donde quieres ir que en fundir tu ego para demostrar que tiene razón o castigarte por tu error. Cualquiera de esas conductas sería un pérdida de tiempo y energía; exactamente como la culpa. En cambio, el GPS simplemente indica: "Volvamos a empezar desde donde estamos ahora". Podríamos sustituir las iniciales GPS por "Programa de Dios para la Salvación"[4], donde salvación significa reorientarnos a partir de lo que nos causa dolor, y corregir el curso hacia lo que nos produce paz.

UNA LLAMADA AL AMOR

Un curso de milagros nos dice que cada acción humana es una pura expresión de amor o bien una petición de amor. Podemos reencuadrar las conductas antisociales, desagradables o disfuncionales como peticiones de amor. Jesús consideraba que el acto de adulterio de la mujer era una manera poco diestra de conseguir el amor que sentía que faltaba en su matrimonio. Hay maneras más saludables de recibir amor. El amor que buscaba en una fuente externa ya estaba dentro de ella.

Todos estamos buscando amor. A veces, lo buscamos en los lugares correctos y lo encontramos, y otras veces lo buscamos en otras partes y no lo hallamos. Al perdonar a la adúltera, Jesús estaba demostrando que ella había venido al lugar correcto para

4. En el original GPS= God's Program for Salvation. (N. del t.)

recibir amor. Cada uno de nosotros podemos ser el lugar correcto para que otros vengan a recibir amor. El mismo Dios que amó a aquella mujer a través de Jesús amará a los "pecadores" que haya en tu vida a través de ti. Ese mismo amor te reconfortará cuando creas que eres un pecador. El maestro estaba enseñándonos cómo debemos tratar a las personas que otros condenan, incluyéndonos a nosotros mismos.

Un día, mientras Dee y yo estábamos paseando a nuestros perros, uno de ellos se rezagó. De vez en cuando yo me paraba y lo llamaba para que siguiera con el grupo. Entonces Dee se dio cuenta de que se estaba mordiendo una de las patas. Paramos para examinársela y vimos que tenía una espina clavada. Por eso caminaba lento y se retrasaba. Le quitamos la espina y estuvo encantado de unirse al grupo.

Cualquiera que exhiba una conducta antisocial tiene una espina clavada en la pata. Los perros malintencionados han sufrido abusos. Lo mismo ocurre con las personas. Las personas sanas no hieren a otras; ese es un acto antinatural. Solo las personas doloridas transmiten su angustia a otras. "Las personas heridas hieren a otras". Cuando tenemos enfrente a una persona odiosa, si podemos detenernos un momento, respirar, evitar la reacción inmediata y recordar: "Esta persona está dolorida", podemos ser sanadores en lugar de perpetuar la cadena del karma.

APACIENTA MIS OVEJAS

Cuando Jesús se apareció ante el discípulo Pedro después de la resurrección, le preguntó:

—¿Me amas?

Pedro respondió:

—Sí.

Jesús le planteó la pregunta dos veces más, y Pedro volvió a responder en afirmativo. Jesús replicó:

—Entonces apacienta mis ovejas.

Algunas personas se toman esta instrucción literalmente y ofrecen comida a los hambrientos: un servicio verdaderamente bendito. Sin embargo, de manera más fundamental, Jesús quiere que alimentemos las almas de las ovejas, la familia humana. Cada vez que afirmas el valor de alguien con quien te encuentras, estás alimentando su alma. La mayoría de la gente se siente indigna o pecaminosa, de modo que, cuando ves a Dios en ellos en lugar del mal, neutralizas la ilusión que los mantiene en el dolor. Cuando los tratas como a un ángel más que como a un convicto, estás invocando una ley más alta, que puede producir una transformación vitalicia. Todos queremos saber que somos dignos de amor. Lo demás son detalles.

17

PERFECTO AHORA

Mientras la cajera escaneaba mis productos en el supermercado, noté que era una mujer extraordinariamente atractiva. El pelo largo y denso de Jennifer —así se llamaba—, su piel cremosa, su figura en buena forma, su rostro angelical y sus ojos claros y chispeantes eran asombrosos. Más allá de su apariencia física, irradiaba una salud vibrante. Fácilmente podría haber sido modelo de portada de cualquier importante revista femenina.

Algunas semanas después, me sorprendió verla entre las participantes de un seminario en el que yo era un orador invitado. Mi amiga Nora estaba presentando una serie de clases para mujeres que querían sentirse mejor con su imagen corporal. En un momento dado, Nora preguntó a cada participante qué era lo que más y lo que menos le gustaba de su cuerpo. Jennifer tomó el micrófono.

—Detesto mi vientre —dijo—, cuando me miro al espejo, me siento tan gorda y fea...

Me quedé desconcertado. Creo que a Jennifer no le sobraba ni un solo gramo de grasa en su cuerpo, incluyendo su vientre. Esta mujer, que era perfectamente hermosa según las imágenes sociales, tenía juicios muy severos con respecto a su cuerpo. Había algo muy equivocado en esta escena.

DE LA FRUSTRACIÓN A LA CELEBRACIÓN

Cuando oímos la enseñanza de Jesús: "Sed perfectos como vuestro Padre celestial es perfecto", podemos sentirnos más irritados que inspirados. Es como si Cristo estuviera predisponiéndonos para sentirnos perdedores, puesto que ningún ser humano es perfecto ni nunca lo será. Incluso si eres perfecto en algún sentido, Jennifer demostró que la mente, tendente a juzgar, se cuela en primera línea y sabotea nuestra visión de nuestra profunda belleza inherente.

Intentar ser perfecto es exasperante y agotador, tanto como el frustrante dilema de una figura mítica griega llamada Sísifo, que arrastraba una piedra hasta la cumbre de la montaña, solo para que volviera a rodar hasta abajo. Puedes actuar con perfección por un momento, pero rápidamente vuelves a encontrarte en esa brecha de ansiedad entre donde estás y donde crees que deberías estar. En la condición humana, la perfección es el sueño imposible.

Sin embargo, si miramos más profundamente a la instrucción de Jesús, él estaba predisponiéndonos para la victoria. Como en las bienaventuranzas, la palabra clave es "sed". Él no dijo "hazte perfecto". Llegar a ser perfecto arroja nuestra conciencia a un futuro que nunca se hace presente. "Sed", por otra parte, es una condición actual. Jesús estaba enseñando la lección metafísica definitiva: *Tú ya eres perfecto. Ahora simplemente date cuenta y vívelo.*

La perfección a la que Jesús apuntaba no es la de nuestra humanidad. Es la de nuestra divinidad. Si bien tu cuerpo, personalidad o historial de relaciones puede distar mucho de ser perfecto, tu naturaleza espiritual es absolutamente prístina: siempre lo ha sido, lo es y lo será. Hemos estado buscando la perfección donde no existe. El lugar donde mirar es a nuestra alma, donde Dios habita en completa majestad como nosotros.

Aquí acaba la tarea imposible de mejorarte. Tú no puedes arreglar lo que está roto, ni mejorar la idea de Dios. El mejorarse a uno mismo es un mito. Tu verdadero Ser no necesita mejorar. Necesita *ser reconocido*. Nuestro objetivo es la *autorrealización*. La iluminación no es un cambio de condiciones, sino un cambio en la mente. Visto a través de los ojos de la imperfección, todo aquello a lo que miramos es defectuoso, incluyéndonos nosotros mismos.

Visto a través de los ojos de la perfección, todo lo que vemos es un milagro, incluyéndonos a nosotros mismos.

MADURO PARA LA COSECHA AHORA

Jesucristo usó el lenguaje de su época para impartir sabiduría a su audiencia. Si enseñara hoy, podría hablar de realidades paralelas, de dimensiones no físicas, o de física cuántica. En lugar de eso, usó metáforas que sus contemporáneos podían entender. Cuando retornamos a nuestra mente inocente, nosotros también podemos entenderlas. En tres breves frases, Cristo capturó el secreto de toda curación y de todo logro:

> Tú dices, "todavía quedan cuatro meses hasta que los campos estén blancos para la cosecha". Yo digo: ¡Mira hacia arriba! Los campos están maduros para cosechar ahora".

La clave de esta profunda enseñanza reside en la instrucción "mira hacia arriba". Jesús no se estaba refiriendo a la vista física, sino a la visión interna. Nos estaba animando a ver desde una perspectiva más elevada. Nosotros venimos *de* la bendición, no vamos *hacia* ella. No debemos esforzarnos por estar completos; debemos adueñarnos de nuestra compleción. No podemos permitirnos posponer la vida que nos gustaría vivir. Debemos vivirla allí donde estemos. El mañana es una ilusión; nunca llega. Solo existe el ahora.

Jesús estaba deshaciendo el truco fundamental del ego, que es crear una distancia entre nosotros y la realización. El engañador nos dice que lo que buscamos vive a cierta distancia en el tiempo o en el espacio; debemos viajar a un lugar exótico o esperar a una fecha propicia antes de poder ser felices. Pero mientras nos sentamos y esperamos que se alineen los planetas, nos perdemos el alineamiento que ya existe. La gema de verdad no está oculta en alguna cueva secreta ni está regida por las estrellas; está firmemente establecida en nuestro corazón. La cosecha que hemos atribuido a otra parte o al futuro está aquí ahora. "En este día se cumplen las escrituras".

A medida que captas la expansiva visión de Cristo, un gigante dormido empieza a moverse dentro de ti. Si supieras que ya eres bendito y que las cosas que más deseas ya están a tu disposición, ¿qué es lo que harías diferente? ¿Renunciarías a esforzarte ansiosamente? ¿Abandonarías tu sensación de no valer y amarías a quien ves en el espejo? ¿Actuarías a partir de tus emocionantes visiones en lugar de esperar la aprobación de otros? ¿Vivirías en una constante gratitud extática?

Mucha gente tiene una "lista de cosas por hacer antes de morir". Si bien estos objetivos son divertidos y merece la pena perseguirlos, no necesitamos hacer nada para completarnos. Ya llevamos con nosotros un depósito de bondad. ¿Qué más podríamos añadirnos si comprendiéramos que ya estamos llenos? No nos llenamos de cosas por hacer, sino de ser. Hacer todas las cosas que esperas hacer es menos importante que tu estado mental mientras las haces o no las haces. Tu "lista de cosas por hacer" no es tan importante como tu lista de "cosas por ser".

Cuando Hamlet dijo: "Ser o no ser, esa es la cuestión", no se refería a si iba a continuar con su vida o a terminarla. En ese verso, Shakespeare puso la semilla de una asombrosa enseñanza metafísica. ¿Vas a disfrutar de tu ser o vas a negarlo? ¿Vas a vivir ahora o vas a esperar a que ocurra algo mejor? ¿Dependerá tu felicidad de sucesos externos o buscarás la fuente de tu alegría en lo profundo de ti? Todos afrontamos el dilema de Hamlet a diario. El autor teatral George Bernard Shaw respondió a la pregunta de Hamlet:

> Para mí, la vida no es una vela que se consume rápidamente. Es una especie de antorcha espléndida que sostengo por un momento, y quiero que arda con tanto fulgor como sea posible antes de pasarla a las generaciones futuras.

HECHO ES MEJOR QUE PERFECTO

Muchas personas usan el perfeccionismo como un mecanismo de defensa para evitar el juicio que temen si se exponen ellas mismas o su trabajo a la vista del público. "Si sigo puliendo el libro que estoy escribiendo no tendré que enseñárselo al mundo y afrontar las críticas o el rechazo". De modo que mantenemos nuestro buen trabajo escondido y prolongamos los arreglos como excusa para evitar la humillación. Al retrasar el presentarte a ti mismo o tu trabajo al mundo, evitas el fracaso, pero también evitas el éxito. Si bien no todo el mundo aprobará o le gustará lo que haces, algunas personas, tal vez muchas, aplaudirán tu ofrecimiento. Añadirás valor a las vidas de tu público. No retengas los dones que Dios te ha encargado dar al mundo al permitir que el ego secuestre tu autoimagen. Cuando te asocias con Dios y ofreces tu trabajo al mundo para bendecir a otros, ocurren milagros. El espíritu te conectará y conectará tu trabajo con las personas que más puedan beneficiarse de él, con el mínimo esfuerzo y sin lucha por tu parte.

Si tienes un proyecto que has estado elaborando, considera lo libre que te vas a sentir al sacarlo de tu ámbito y ponerlo en manos de las personas a las que mejor puede servir. Si esperas hasta que tú o tu trabajo seáis perfectos, es posible que tengas que esperar mucho, y que te pierdas todas las bendiciones que tú y otros podéis disfrutar ahora. Es posible que ese producto no sea tu creación definitiva, pero es una creación perfecta desde donde estás. Lanzarlo al mundo te llevará a hacer más y mejor.

Aunque la vida es una obra en marcha, hay perfección a cada vuelta del camino. El proceso es tan significativo como el producto. Celebra los dones que se te han dado y los que tú estás dando, y alcanzarás la maestría a diario.

PERFECTA HUMILDAD

Cuando Jesús nos aconsejó: "Sed perfectos como nuestro Padre celestial", estaba enseñándonos a identificarnos con Dios en lugar de con nuestras faltas y pecados humanos. No es arrogante reivindicar la perfección. Es más arrogante negarla. Cuando refutas la plenitud, estás discutiendo con la creación. Estás diciendo que eres menos que lo que Dios creó. Tú no eres un ser humano perfecto, sino una perfecta expresión de lo divino. Deja de argumentar a favor de tus límites y de reforzar los problemas del mundo. Más bien, defiende tu naturaleza ilimitada y las bendiciones que posees. Los que cambian el mundo son los que ven más allá de él. Jesús inició esa visión, y ahora depende de nosotros ponerla en acción.

Tu experiencia de la vida depende de quién crees ser. Si eres mortal, no puedes ser inmortal. Si tienes fallos, no puedes ser perfecto. Si vives dentro de una bolsa de piel, no puedes habitar el cosmos. Todos los grandes maestros espirituales nos han recordado nuestra verdadera identidad despojándonos de las falsas identidades que nos hemos puesto encima. Podríamos llamar a Cristo, "El Gran Revelador".

Tú no vas a caminar en el reino de los cielos. Tú estás caminando en el reino de los cielos ahora. Si no lo ves, solo se debe a que estás usando una visión diferente que la que habla del paraíso. La visión de Jesucristo fue perfecta y él solo veía perfección. Cuando mejoremos nuestra visión, nosotros también veremos como él vio, contemplaremos lo que él contempló, y generaremos milagros como los que le ocurrieron.

18

MÁS SERÁ DADO

A mi cliente Ben le preocupaba el dinero. Había dejado el trabajo en una corporación, y estaba montando una consulta de hipnoterapia y ahora le costaba pagar las facturas. Iba retrasado en los pagos de la hipoteca y tenía que mantener a su esposa y a sus dos hijos. Ben estaba tan estresado que había perdido el contacto con su pasión por su nueva profesión.

—Pero no puedo volver al antiguo trabajo que rechinaba a mi alma —me dijo.

Durante las sesiones de *coaching*, ayudé a Ben a recuperar su visión y su pasión. Recordó por qué había cambiado de profesión y lo bien que se sentiría si tuviera éxito. Ben se emocionó tanto que podía ver cohetes de energía saliendo de su cara. Una vez recuperada su mentalidad próspera, empezó a atraer nuevos clientes y construyó una exitosa consulta de hipnoterapia. El cambio clave para Ben consistió en pasar de su mente temerosa a su mente empoderada; de la carencia a lo que era posible. Todo lo que nos ocurre está relacionado con cómo pensamos con respecto a nosotros mismos, lo que nos merecemos y lo que el universo es capaz de dar.

A muchos de nosotros nos preocupa, poco o mucho, la prosperidad. ¿Puedo ganar lo suficiente para mantenerme a flote? ¿Tengo que venderme y aceptar un trabajo que detesto para obtener unos ingresos sustanciales? ¿Debo trabajar con personas que no comparten mis valores, o puedo ganarme la vida con personas alineadas con mi visión? Si tengo que permanecer en un trabajo que está lejos de mi ideal, al menos de momento, ¿puedo encontrar un modo de disfrutar de lo que hago y de dormir bien por la noche, sabiendo que mi horario laboral ha estado bien empleado? ¿Realmente tengo que trabajar tanto, o puedo dedicar más tiempo a hacer las cosas que me gustan?

Jesucristo fue un profesor magistral de prosperidad. La carencia y la pobreza no tenían lugar en su mente. Sus atrevidas declaraciones iluminan las dinámicas internas que traen abundancia a nuestras vidas. Él quiere que movilices tu propia mente divina para conseguir las riquezas que mereces. Declaró: "El placer del Padre es darte el reino". Todo lo que necesitas saber para ser rico está revelado en el Nuevo Testamento.

¿DADO O QUITADO?

Uno de los principios de prosperidad de Jesús no tiene sentido para la mente racional:

> A quien tenga, se le dará más,
> y tendrá abundancia.
>
> A quien no tenga, incluso lo que tenga
> le será quitado.

¡Esto suena muy injusto! ¿Por qué deberían los ricos ser aún más ricos y los pobres más pobres? Sin duda, un Dios misericordioso cogería de los ricos y se lo daría a los pobres. Todo el mundo debería disfrutar de las mismas riquezas, ¿cierto?

Sin embargo, la vida opera con leyes que van mucho más allá de lo que le parece justo al intelecto. Los principios universales son justos con todos porque todos tenemos acceso a ellos, y todos podemos usarlos a nuestro favor cuando los comprendemos. Este es el significado interno de la extraña afirmación de Jesús:

Obtienes más de aquello en lo que te enfocas. La atención es intención. La fascinación es el fertilizante. Cualquier cosa en la que pongas tu mente se expande en tu experiencia. Cada pensamiento es una semilla que da más semillas como ella misma. Por esta razón debemos enfocarnos en aquello de lo que queremos tener más.

Cuando pones la atención en el abastecimiento y la abundancia, generas más abastecimiento y abundancia. Cuando prestas atención a la carencia y a la pérdida, magnificas la carencia y la pérdida en tu experiencia. Esta es la Ley de la Mente. No puedes retorcerla, evitarla, sustituirla ni hacer que su opuesto sea verdad. Así es como opera el universo. Podemos confiar en que este principio funcionará cada vez, en toda situación, y emplearlo a nuestro favor.

Mi amiga Hannah es una empresaria de éxito. Tiene varios negocios que le proporcionan grandes ingresos. Todo lo que toca se convierte en oro. Hannah está usando la ley a su favor. Tengo otra amiga, Connie, que apenas puede mantenerse a flote. Su mundo le presenta un drama detrás de otro. Gasta cualquier dinero que recibe. Lucha constantemente por sobrevivir.

Hannah no tiene suerte, Connie no tiene una maldición. Generamos nuestra propia suerte, o nuestra propia maldición, en función de cómo usamos la mente. Connie tiene acceso a los mismos principios que Hannah usa. Por el momento, Connie trabaja con la ley en contra de sí misma. Ambas mujeres están demostrando maestría. Hannah demuestra la maestría de la prosperidad y Connie la maestría de la carencia. El mismo principio, distintos resultados. De manera extraña, las personas pobres son abundantes. Son abundantes en pobreza. Dondequiera que van, ven que no hay suficiente, y obtienen más y más de “no hay suficiente”. ¡Así, son ricas en carencia!

Aunque Connie pasa malos momentos a nivel económico, es una persona bondadosa y amorosa. Piensas que Dios la premiaría por su naturaleza benevolente. Y Dios la ha premiado, porque su buen corazón le trae paz interna. Pero no dinero. La Biblia nos dice que: “Dios no hace acepción de personas”, lo que significa que Dios no favorece a unos y desfavorece a otros. Nosotros nos favorecemos o desfavorecemos a nosotros mismos. La vida que nos creamos depende de cómo aplicamos la ley científica. Aunque quiero mucho a Connie, ella no está haciendo uso de la ley para beneficiarse económicamente. Un día lo resolverá y pondrá la ley a su favor, tal como haremos todos.

Algunas personas muy ricas son desagradables, narcisistas y aparentemente malas. Parece injusto que estas personas tengan tanto dinero y cosas buenas. Pero Dios no hace acepción de personas. Estos individuos han aprendido a usar la Ley de la Mente para generar una riqueza fabulosa. Es de esperar que un día reconocerán sus fallos personales y su crueldad sanará. Entretanto, usan la ley para obtener ventajas económicas.

Por eso, los programas en plan Robin Hood, de tomar de los ricos para dar a los pobres, no suelen funcionar. Si das dinero a alguien antes de que esa persona entienda los principios que gobiernan la prosperidad, el dinero entregado se irá como se fue el dinero anterior. El receptor solo incrementará su riqueza cuando cambie de mentalidad. No puedes legislar la prosperidad porque es un trabajo interno.

La manera más eficaz de erradicar la pobreza es sanar la conciencia de pobreza reemplazándola por una mentalidad próspera. Cuando las pautas de pensamiento cambian, los resultados cambian. Algunas personas están tan cansadas de la pobreza que consiguen algo mejor. Estudian, renuevan sus patrones de pensamiento, trabajan con diligencia y cambian completamente su vida. Algunos individuos muy motivados consiguen salir del gueto y se crean vidas extraordinariamente exitosas. Su transformación comienza cuando se adhieren a los principios universales y los ponen en acción con habilidad e intención.

MOMENTOS DE TRANSFORMACIÓN

El mundo tridimensional es un campo de juego en el que practicamos la manifestación de la prosperidad. Cuando surja una situación que te tiente a sentirte pobre, carente o limitado, esa es una oportunidad de oro para movilizar tu mentalidad de prosperidad. Cuando lo hagas, el cambio que crearás en tu subconsciente será más transformador que repetir muchas afirmaciones. A ese instante se le llama "un momento enseñable".

Por ejemplo, si tiendes a decir o pensar "no hay trabajos compatibles con mi pasión o habilidades", o "el dinero que tengo es un poco justo", o "no hay parejas disponibles ahí fuera", corrige inmediatamente ese pensamiento o declaración de carencia. Di: "Hay un trabajo perfecto para mí, que llena mi alma y me provee unos ingresos y beneficios excelentes". O: "Yo no estoy sometido a la economía que mucha gente suscribe. Creo mi propia prosperidad mediante la expansión de mi conciencia". O: "No me importa cuántas parejas no estén disponibles. La Ley de Atracción me conecta con la pareja perfecta que combina conmigo".

Afirmar la provisión ante la aparente carencia puede cambiar toda una vida de hábitos de pensamiento deficientes. Como la provisión es real y la carencia una ilusión, reconocer que hay suficiente disuelve la apariencia de que no hay suficiente. No uses tu programación infantil, ni tu historia de pobreza o fracaso, como excusa para quedarte atascado. No estás limitado por el modelo de rol de tus padres, tu historial relacional ni por ninguna condición externa. Toda libertad y limitación existen solo en tu mente. Identifícalas y abórdalas donde estén, y así abres la puerta a las riquezas del universo.

La clave final para manifestar prosperidad es seguir avanzando pase lo que pase. No dejes que los pensamientos de miedo y limitación te retengan. Crea tu nueva página web, pide una cita a esa persona atractiva, o compra un billete para visitar el encantador país con el que has soñado. Moviliza tu visión y muestra al universo que vas en serio. Cuando ignoras los pensamientos "no puedo", el "sí puedo" demuestra ser verdad.

EL SECRETO DE LOS PANES Y LOS PECES

Cuando Jesús escuchó que habían matado a Juan Bautista, tomó un barco con sus discípulos y se retiró a un lugar solitario. Entretanto, una multitud de gente —se nos dice que unas cinco mil personas— le siguieron. A los tres días, a Jesús le preocupó que estas personas no tuvieran nada para comer. Dijo a varios discípulos que reunieran los alimentos que tuvieran, que eran cinco panes y dos peces. El maestro los tomó y rezó sobre ellos, dando gracias a Dios. A continuación, pidió a los discípulos que los distribuyeran entre las masas. Milagrosamente, los panes y los peces se multiplicaron, de modo que todo el mundo comió. Después de la comida, los discípulos recogieron siete cestas con las sobras. Este es el único milagro de Jesús que ha quedado registrado en los cuatro evangelios.

Esta asombrosa historia está repleta de lecciones prácticas. En primer lugar, vemos que Jesús tenía su lado humano, en el sentido de que se sintió conmovido por la muerte de Juan Bautista. Tenía que procesar el suceso y rezar. Cuando nos altera un suceso como la muerte de un ser querido, debemos dar un paso atrás y trabajar la pena. A menudo, cuando perdemos a un ser querido, nos distraemos de nuestros sentimientos más profundos. Pero antes o después debemos reconciliarnos con nuestra sensación de pérdida. Si Jesucristo cuidó de sí mismo yendo a un lugar retirado, debemos ser lo suficientemente buenos con nosotros mismos para hacer lo mismo.

Pero el mesías místico no pudo estar solo. ¡Con tanta gente pisándole los talones, ahí acabó su retiro privado! No obstante, Jesús, maestro de la compasión, no les pidió que se fueran. Más bien, cuidó de ellos e impidió que pasaran hambre. ¡Qué maestro tan aterrizado y práctico! No pidió a la gente que ayunara, sufriera o se negara a sí misma. Su intención era sustentar tanto sus cuerpos como sus almas.

La multiplicación de lo poco que había es el milagro que hemos de aprender aquí. Lo primero que hizo Jesús fue dar gracias. No pidió a Dios que remediara la falta de alimento; más bien, bendijo el que tenía. El aprecio de Cristo por lo que tenía fue tan grande que la provisión aumentó exponencialmente. Aquí tenemos la clave de cómo multiplicar nuestra prosperidad. Siéntete agradecido por lo que tienes y abre la puerta a que venga más.

Finalmente, había tanto alimento que después de que todo el mundo hubiera comido, quedaron algunas sobras. Dios no es solo un Dios de lo suficiente. Dios es un Dios del excedente. El universo no es tacaño; es derrochador. Cuando entras en la conciencia de abundancia, tienes suficiente no solo para ti mismo, sino para muchos otros, y sobrará. Los cofres de Dios no tienen fondo, y a medida que te reconoces como un hijo de Dios, los tuyos tampoco.

No escuches a los maestros y a las enseñanzas que ensalzan la pobreza como camino espiritual. No hubo nada de pobreza en la mente y en la vida de Jesucristo, y no hace falta que haya nada de pobreza en la tuya. Mira hacia arriba en lugar de hacia abajo, y adentro más que afuera. Celebra la riqueza dondequiera que vayas. Cuando entres en el flujo, disfrutarás del rebosar. Cuanto más tengas, más se te dará. Entonces serás un ejemplo vivo de la asombrosa enseñanza de Cristo de que la prosperidad vive justo donde tú estás.

19

CÓMO PAGAR FÁCILMENTE LOS IMPUESTOS

Un día, los recaudadores de impuestos del templo abordaron al discípulo Pedro y le preguntaron si Jesús había hecho su contribución al templo. Pedro respondió con un "sí" apresurado y, a continuación, volvió donde estaba el maestro. Incluso antes de que Pedro hablara, Jesús le preguntó:

—¿Los hijos de un rey pagan impuestos, o el rey recolecta impuestos de otras personas?

Pedro respondió:

—Recolecta de otras personas.

Para mantener la paz y no ofender a los recaudadores, Jesús le pidió a Pedro que fuera a pescar a un lago. El primer pez que pescara tendría una moneda en la boca que valdría exactamente la cantidad debida en impuestos.

En esta inusual historia, Jesús le dio a Pedro —y a nosotros— dos mensajes importantes: en primer lugar, los que se conocen a sí mismos como hijos de Dios viven en una dimensión exaltada, mucho más allá de las leyes que ha hecho la gente. Jesús estaba llamando a Pedro a un cambio de identidad crucial: de un ser humano bajo las leyes humanas, a un ser divino solo bajo las leyes de Dios. Las leyes del cielo aseguran nuestra libertad eterna y nuestra abundancia ilimitada. Las leyes hechas por la gente se basan en gran medida en el miedo y la carencia. A nuestro verdadero ser nunca se le pueden aplicar impuestos.

La segunda enseñanza es que Jesús no quería irritar a los recaudadores de impuestos, de modo que estableció un escenario milagroso en el que Pedro encontró el dinero para pagar en el nombre de Jesús. Este fue un plan brillante en el que todos ganaban. Los recaudadores se sentirían satisfechos y los discípulos no tendrían que esforzarse por encontrar el dinero del impuesto.

¡Aquí volvemos a ver lo práctico que era Jesús! Mantenía la cabeza en las nubes y los pies en el suelo. También instruyó a los discípulos: "Os envío como ovejas en medio de lobos. Sed listos como serpientes y mansos como palomas".

SUSTENTADO POR UN UNIVERSO ABUNDANTE

En esta historia hay una lección aún más profunda: el universo tiene una brillante capacidad de abastecer todas nuestras necesidades. Si te llega un impuesto, u otra factura inesperada o aparentemente injusta, la fuente divina te ayudará a pagarla. "El Señor es mi pastor. Nada me falta". La tesorería de Dios es más profunda que cualquier demanda humana. Si te resistes a la factura, te preocupas por ella, la discutes o asumes el papel de víctima, tu resistencia extenderá una pantalla de humo psíquico que impedirá o retrasará la llegada de la provisión. En cambio, si te relajas y confías, la corriente de bienestar te encontrará, a menudo de manera milagrosa.

La abundancia tiene un ritmo. A veces el dinero entra y a veces sale. Este ciclo es parte intrínseca de una circulación económica y psicológica sana. Siéntete cómodo tanto en la cresta como a lo largo de la ola. Por cada cosa que salga, algo entrará. Si empiezas a preocuparte por el dinero, ve a la orilla del mar y observa el ir y venir de las olas. Nota que cuando una ola se va de la orilla, pronto entra otra. El océano es mucho más amplio que cualquier ola concreta. Medita en la vastedad y profundidad del océano, y reconocerás la expansividad de la provisión de Dios.

Afirma:

Dios es la fuente de mi sustento.

El universo cuida de todas mis necesidades de maneras asombrosas y milagrosas.

Estoy abierto a recibir mi bien a través de todos los canales que designe el Poder Superior.

Siempre soy amado y cuidado.

UNA FUENTE, MUCHAS VÍAS

Jesucristo quiere que sus discípulos prosperen, no solo que sobrevivan. Jesús no dijo a Pedro: "Bien, sal a conseguir un segundo empleo para poder pagar nuestros impuestos". Más bien, Jesús creó un escenario donde Pedro pudiera conseguir los recursos necesarios de la manera más fácil y grácil.

La lucha es ajena a las enseñanzas de Jesucristo. Él dijo: "Mi yugo es suave y mi carga ligera". Es hora de revisitar nuestra creencia en el sacrificio como camino hacia la felicidad. Pedro no perdió nada al pagar el impuesto. Muchos de nosotros crecimos con la mentalidad de "sin esfuerzo y dolor no se consigue nada". Una máxima más apropiada sería: "sin dolor no hay dolor". La imagen de pescar un pez que contiene la moneda también es simbólica. Es posible que no encuentres el dinero para pagar los impuestos en la boca de un pez, pero el Espíritu puede proveer para ti de múltiples maneras ingeniosas. El universo podría enviarte un trabajo mejor, más clientes o un contrato lucrativo. Una nueva idea de cómo ampliar tu negocio podría brillar en tu mente. Podrías encontrar a alguien que te ayude a financiar tu proyecto, o un agente listo que consiga que se produzca tu libro, canción o película. Podrías encontrarte con un atasco de tráfico, buscar una ruta alternativa hasta tu destino y, mientras la recorres, ver una señal de "en venta" en la casa perfecta que has estado buscando. Podrías asistir a un seminario y sentarte en el único sitio vacío junto a alguien que se convierte en tu pareja de por vida. El universo tiene infinitas maneras de hacerte prosperar. No te quedes colgado en una forma particular, ni en los detalles de cómo vas a alcanzar el éxito. Cuando sigues tu intuición divina, estás en el lugar correcto en el momento adecuado, y el pez correcto te encontrará.

EL PODER DE UNA MENTE ADINERADA

Cuando Jesús dijo: "He venido para que tengan vida, y para que la tengan en abundancia", no se estaba refiriendo simplemente al dinero. El dinero es solo una expresión de abundancia. El significado más profundo de su declaración es: "Quiero que te sientas rico hasta el fondo, y que reconozcas las bendiciones que se vierten sobre ti en todo momento y desde todas las direcciones".

Algunos libros, maestros y seminarios te enseñan a ganar más dinero, lo cual ayuda. No obstante, las mejores enseñanzas te ayudan a transformar tu mente para que sepas que eres rico por naturaleza. Mereces grandes riquezas porque son tu derecho de nacimiento. Tú no trabajas para un rey. Tú eres el hijo de un rey. Tú eres rico no a causa de tu cuenta bancaria, sino debido a quien eres. Incluso si en un momento dado no tienes mucho dinero, puedes tener la riqueza de una familia amorosa, buena salud, ideas inspiradas, una profesión apasionante, la belleza de la naturaleza, amigos queridos, animales domésticos leales, aficiones creativas y un camino espiritual que dé propósito y sentido a tu vida. ¡Ya eres rico en tantos sentidos! Enfócate en la economía cuando lo necesites, pero mantén tu visión en el gran cuadro.

Es posible que creas que, si tuvieras más dinero, te sentirías rico. Y eso es así. Pero si puedes sentir que eres rico ahora, la Ley de Atracción atraerá riquezas hacia ti, a menudo en forma de dinero. Los maestros metafísicos no esperan a tener la cosa para sentir el sentimiento. Entienden que el sentimiento magnetiza la cosa. Habitan en la experiencia antes de que la forma se haga evidente.

¿DE QUIÉN ES LA IMAGEN?

Algunos espías del gobierno trataron de pillar a Jesús aconsejando a la gente para que se saltara las normas. Cuando le preguntaron a Jesús:

—¿Deberíamos pagar impuestos a los romanos?

Jesús pidió que le mostraran una moneda.

—¿De quién es la imagen y el nombre que vienen en la moneda? —preguntó.

—De César —respondieron.

—Entonces dad al César lo que es del César y a Dios lo que es de Dios.

Vivimos en un universo donde existen muchas realidades simultáneamente. En el reino del César, el dinero y lo material eran importantes, incluso hasta el punto de llegar a ser dioses. En el reino del Espíritu, la moneda es la paz interna. Jesús nos estaba aconsejando que juguemos al juego del dinero cuando sea necesario, pero manteniendo los ojos en un premio mayor. Da a la gente de mentalidad materialista lo que quieren, y da a Dios lo que Dios quiere. Dios no recauda impuestos. Dios solo recauda amor. Cuando habitas en un estado de amor, eres cuidado tanto en la Tierra como en el cielo.

VIDA LIBRE DE IMPUESTOS

Todos hemos oído la máxima: "Lo único que es seguro en la vida es la muerte y los impuestos". Sin embargo, en la vida hay mucho más que muerte e impuestos. Uno de mis títulos de libro favoritos es *Death, Taxes and Other Illusions* [Muerte, impuestos y otras ilusiones], de Arnold Patent. Para mucha gente, los impuestos son un hecho molesto de la vida. Sin embargo, la sabiduría superior nos llama a cuestionar lo que se nos ha dicho que son los hechos de la vida.

Hay diversas maneras de liberarse de la carga emocional de los impuestos. La primera es darse cuenta, como Jesús explicó a Pedro, de que los hijos del rey no pagan impuestos. En todas las parábolas de Jesús, el rey representa a Dios. Como eres un hijo de Dios, todas las cosas del reino ya son tuyas. ¿Por qué pagarías impuestos a un reino que ya posees y gobiernas? Cuando sabes que eres la realeza espiritual, no pagas impuestos a nadie. El universo se deleita en proveer para tus necesidades.

Si alguna vez has hecho un vuelo internacional, habrás visto a las azafatas pasando por los pasillos con los carritos para vender artículos libres de impuestos. Como el avión está en el aire, por encima de la Tierra, y no en un país particular, no estás sometido a los impuestos de ese país del que has salido, ni a los del país al que te diriges. Cuando elevas tu conciencia por encima de la Tierra y te estableces en la mentalidad celestial, no estás sometido a las reglas que la gente establece en las naciones que hay allí abajo.

En la economía celestial, no hay una fuerza externa a nosotros que nos produzca una sensación de carga, obligación ni opresión. Todo el mundo hace lo que más le gusta, y todo se va haciendo. La economía divina se basa en la alegría, no en el miedo. La gente contribuye a la comunidad porque se sienten felices de hacerlo, y no hay leyes que obliguen a dar lo que no deseas dar, ni a hacer lo que no quieres hacer. No hay guerras, avaricia ni mala gestión de los fondos que drenan el banco comunitario. La única realidad es el bienestar. Tu yo superior nunca ha pagado impuestos y nunca los pagará. Existe en una realidad que transciende con mucho el dominio de las normas del César. Cuanto más te veas a ti mismo libre de impuestos, más puedes generar la experiencia de estar libre de impuestos.

También puedes transcender la carga de los impuestos expandiendo tu conciencia para generar suficiente prosperidad económica de modo que pagues impuestos sin sentir que pierdes. Puedes contribuir al bien común, y aun así tener suficiente dinero para hacer todas las cosas que quieres y necesitas. Piensa en las cosas buenas que el gobierno está haciendo con tu contribución, y en la gente a la que estás ayudando. Cuando sueltas la resistencia a los impuestos, ellos se retiran a una parte menor de tu psique y de tu experiencia.

Cuando una alumna le dijo a un maestro espiritual que ella no quería pagar la cantidad de impuestos que le pedían, él le preguntó:

—¿Por qué te cobras impuestos [te tensas] a ti misma?

Esta es la enseñanza intrapersonal con respecto a cómo abordar los impuestos. Todas las cosas que una persona u organización externas parece estar haciéndonos son algo que nos hacemos a nosotros mismos. Si te cargan los impuestos del gobierno, literalmente te estás cargando a ti mismo. El gobierno simplemente está representando tu creencia. ¿Crees que debes entregar una gran porción de tus bienes a una entidad que tiene poder sobre ti? ¿Albergas una creencia en el sacrificio y la victimización? ¿Eres capaz de generar ingresos ilimitados, o estás restringido a lo que el mundo te dice que puedes conseguir? Responder a estas cuestiones transforma el proceso de pagar impuestos en un poderoso seminario espiritual. Cuando reconoces que tienes elección con respecto a tu experiencia, das un gran paso adelante en tu despertar espiritual.

A través de muchas de sus parábolas y conversaciones, Jesús estaba entrenándonos a escapar del miedo y de la lucha que hemos aprendido a asociar con el dinero. La economía, como todos los elementos del mundo material, está destinada a ser un símbolo positivo de la presencia y del amor de Dios. Cada vez que recibes o gastas dinero, participas en la circulación divina. Jesucristo no quiere que te sientas cargado emocional ni económicamente. Quiere que sepas que siempre tienes suficiente de todo lo que necesitas. Entonces puedes pasar de asumir que resides en un país extranjero y de tu falsa identidad como deudor, al hogar que te corresponde en palacio, y a tu verdadera identidad como un alma rica y regia.

20

PERLAS A LOS CERDOS

Estando sentado en la sala de profesores de un instituto de secundaria, acerté a oír a una profesora contar a un pequeño grupo de compañeros una experiencia espeluznante que le había ocurrido el fin de semana anterior.

—Mi marido y yo fuimos a pescar en el hielo el fin de semana pasado. Me caí al agua en un lugar donde el hielo era fino y casi me ahogo. Cuando finalmente mi marido me sacó, pensé que me iba a morir congelada. ¡Nunca he tenido tanto miedo!

Al oír esto, otra profesora comentó:

—Sí, el último fin de semana ha hecho mucho frío.

La profesora que había contado la historia se quedó allí, anonadada. La otra profesora no había entendido su historia.

¿Has contado alguna vez una experiencia significativa que has tenido y la otra persona se te queda mirando como si fueras marciano? ¿O pone en duda lo que le cuentas, o discute contigo? ¿O cambia de tema, invalidando lo que has dicho? ¿O trata de tapar tu historia con otra mejor de su propia cosecha? Si es así, ya sabes lo descorazonador que puede ser intentar explicar un momento sensible a alguien que no está preparado o que no es capaz de escucharlo.

Después de que Jesús curó a un hombre con una enfermedad grave de la piel, le dijo:

—No le cuentes esto a nadie.

Aquí volvemos a aprender de Jesús, el maestro psicólogo. Si experimentas una curación o epifanía, ese suceso está tierno dentro de ti, como un bebé en el útero. Si hablas de tu experiencia antes de que la lección se solidifique, otros que no la comprenden, o que dudan de ella, podrían arrojar agua sobre tu experiencia caliente y menoscabar el regalo que has recibido. Debes proteger tus visiones internas de influencias poco saludables. Más adelante, cuando tu conocimiento esté más firmemente arraigado, podrás contárselas a quien quieras, y ayudarás a otra gente compartiendo tu experiencia. Hasta entonces, lo mejor es que no se las cuentes a nadie, o tal vez solo a una persona, o a unas pocas que sabes que te darán ánimos y apoyo.

> No des las cosas santas a los perros; no arrojes tus perlas a los cerdos. Si lo haces, es posible que las pisoteen, y, revolviéndose, te destrocen.

Si hablas a una persona que no está receptiva, podrías sentirte estúpido o intimidado, y desear no haber abierto la boca. Esa persona puede dar un giro a lo que le has contado e intentar usar la información para humillarte. Puede citar evidencias que vayan en sentido contrario. Y tú puedes empezar a dudar de aquello que sentiste real cuando ocurrió. Jesús estaba tratando de prevenir el uso erróneo y el desánimo al aconsejarte que mantengas los labios sellados. No todo el mundo tiene por qué oír lo que te ha ocurrido. Eso es para la gente correcta que te va a aceptar y apoyar, que va a ayudarte a construir tu visión en lugar de destrozarla.

EL MIEDO SE SIENTE AMENAZADO POR EL AMOR

¿Por qué alguien dudaría o discutiría con una persona que ha tenido una experiencia positiva? Simplemente, mucha gente tiene miedo del amor. Como el mundo del miedo depende de la oscuridad para mantener en marcha sus ilusiones, alguien que aporta luz es una amenaza. Mucha gente invierte en el drama, en la negatividad, en la enfermedad, en la limitación y en la disfunción, de modo que cuando se presenta un individuo que ha entrado en un mundo más brillante y libre, la persona disfuncional tiene que tumbar a esa persona feliz a fin de consolidar su penosa posición. Si esta dinámica suena absurda es porque lo es. El mundo no se reúne en torno a la gente que se eleva por encima de la mentalidad de víctima y reivindica el bienestar. La desdicha no solo ama la compañía, sino que trabaja horas extras para mantener a los desdichados en su campo.

REAGRUPARSE Y TRIUNFAR

Si arrojas una perla a un cerdo y tu tesoro queda pisoteado, aún puedes hacer que esa experiencia vaya a tu favor. Las experiencias frustrantes o negativas pueden estimular valiosas correcciones del curso que estábamos siguiendo. He aquí algunas pistas sobre cómo lidiar con las personas que tratan de desgarrar tu alegría:

1. Date cuenta de que esa persona no está en la lista de tus diez preferidas para comentar experiencias. Haz que las conversaciones futuras sean más ligeras, o no pases mucho tiempo con ella.
2. En el momento en que sientas rechazo o resistencia, párate. No digas más. Cambia de tema.
3. Nunca trates de convencer a la otra persona o de discutir con ella hasta que te entienda y esté de acuerdo contigo. Cuanto más debates, mayor es el agujero que estás cavando. "Nunca luches contra un cerdo. Los dos os ensuciaréis, y al cerdo le gusta".
4. Valídate a ti mismo reconociendo que tu experiencia es real e importante, con independencia de quién la entienda y quién no.
5. Considera por qué entregas tu poder a otras personas y dejas que sus reacciones determinen tu felicidad. ¿Por qué necesitas su comprensión, acuerdo o aprobación? Si, como resultado de lidiar con su resistencia, es menos probable que dejes que tu felicidad dependa de las reacciones de otros, has hecho que lo sucedido obre a tu favor.

6. Encuentra compasión por la otra persona. ¿Con qué dolor o qué batalla está lidiando que hace que sea tan insensible? ¿Está herida y se ha vuelto cínica? Las personas inmersas en el sufrimiento no pueden apreciar el bien de otros.
7. Encuentra gente con la que sea seguro compartir tu historia íntima. Individuos y grupos que valoren tu vida interna y apoyen la expresión de lo que es importante para ti. Personas que celebran tus triunfos en lugar de intentar derrotarte.

PROTEGE TU COMIDA

Metafísicamente, Jesús no se estaba refiriendo a otras personas como cerdos, aunque muchas personas exhiben comportamientos porcinos. El verdadero cerdo es el intelecto hipercrítico que trata de hacer trizas cualquier cosa que no entiende o que le resulta amenazante. No se trata simplemente de no lanzar perlas ante una persona, sino ante la *mente porcina* que gruñe en tu cabeza y en las de otros. Tú estás a cargo de las voces en tu cabeza, y debes mantener tus pensamientos alineados con tu bienestar.

En la isla hawaiana de Kauai hay superpoblación de gallinas salvajes. Hay gallinas cloqueando y gallos cacareando por doquier: en los parques, en los centros comerciales, en las estaciones de servicio y en los jardines de las casas. Mientras cenaba en la terraza de un restaurante, las gallinas andaban por allí buscando comida. Algunas son agresivas y saltan a las mesas mientras los clientes están cenando. Para combatir a las intrusas, el dueño del restaurante ha puesto pequeñas botellas de agua con espray para que los clientes les lancen chorros de agua si intentan llegar a su comida. Con buen humor, el dueño ha colocado un cartel en cada mesa con instrucciones que advierten:

"PROTEGE TU COMIDA POR TODOS LOS MEDIOS
QUE SEAN NECESARIOS"

Me pareció que esta misiva es una buena metáfora para impedir que los intrusos devoren los pensamientos elevados de nuestra mente. No podemos permitir que ideas destructivas se coman lo que nos hace felices y mejora nuestras vidas. Somos demasiado tolerantes con los devaneos de la mente y las imaginaciones oscuras. Cuando surge un problema, es posible que caigas en fantasías catastróficas. De ser así, recuerda el cartel del restaurante que manda proteger los pensamientos que te empoderan por todos los medios necesarios. Nunca soportarías que una gallina saltara a tu mesa para comerse tu comida; entonces, ¿por qué permitir que los pensamientos temerosos devoren tus bendiciones?

La parte de tu mente que duda, critica y analiza en exceso nunca te ha dado la paz que anhelas, y nunca lo hará. "Tu ego no es tu amigo". El verdadero amigo está en tu mente superior, que no puede ser tocada ni herida por tu mente porcina ni por la de otros. Si has desmantelado tu cerdo interno, la negatividad de otras personas no podrá alterarte. Toma refugio en la mente que Dios te dio, en lugar de en la que el mundo te ha inculcado. Entonces emergerás triunfante y caminarás por la vida inmaculado y empoderado.

LA PERLA MUY PRECIADA

Jesús también habló de una perla cuando describió el cielo como "la perla muy preciada". Cuando tienes algo que valoras mucho, tu prioridad es cuidar muy bien de ello. No dejes que nada en el mundo te robe tu experiencia del cielo. En muchos sentidos, el mundo está destinado a distraerte del cielo y a reemplazarlo por tesoros menores. Un verdadero maestro espiritual se mantiene alerta para que lo principal siga siendo lo principal.

No eres egoísta por proteger tu alma. Cuanta más paz tengas en ti, más paz llevarás al mundo. Reserva tus preciosas conversaciones para las personas que comparten tu visión. Cuando conservas tu paz interna, estás en la mejor posición para ayudar a otros a liberarse de su propia mente porcina. A medida que ofreces un modelo de una mente establecida en la luz, maximizas la oportunidad de aquellos que te tienen como referencia para entrar ellos mismos en la luz. Emplea todos los medios necesarios para proteger el banquete espiritual que tienes ante ti, y ningún cerdo ni gallina salvajes eliminarán tus bendiciones.

21

SAL DE LA CASA DE MI PADRE

Cuando Jesús llegó a Jerusalén para celebrar la Pascua, fue a visitar el gran templo. Allí se quedó horrorizado al descubrir que la escena estaba dominada por una gran empresa comercial. Los mercaderes estaban vendiendo todo tipo de animales para los sacrificios, y cambiando las monedas griegas y romanas por los *shekels* locales.

> Expulsó a todos los que compraban y vendían en el templo, y volteó las mesas de los cambistas y los asientos de los vendedores de palomas. Les dijo: "Está escrito, 'Mi casa será llamada casa de oración'; ¡pero la habéis convertido en cueva de ladrones!".

Resulta fácil imaginar que la gente se preocupara por la infiltración del dinero en la religión en tiempos de Jesús; todos somos muy conscientes de los mismos enredos en nuestros días. Después de que un profeta o visionario funda una religión u organización con un propósito noble, a menudo gente avariciosa entra en la institución y el ministerio se convierte en un negocio. Misiones que comenzaron con intención pura pasan a adorar en el altar del dinero, y tareas antes inmaculadas quedan mancilladas. La congregación se enreda en conseguir fondos más que conciencia, y las decisiones de la iglesia giran en torno a los ingresos más que a la inspiración.

No podemos culpar a los grupos religiosos o espirituales por recaudar fondos. Las actividades eclesiásticas necesitan apoyo económico; vivimos en un mundo en el que se necesita dinero para hacer cualquier cosa material. Construir y mantener una iglesia es caro, y el dinero debe cambiar de manos. Incluso en el ministerio de Jesús había transacciones financieras; se nos dice que Judas era el tesorero del maestro y los apóstoles.

Jesús se ofendió ante la escena del mercado masivo en el templo porque la gente había permitido que el materialismo reemplazara la vida espiritual. Si bien la Biblia no lo dice específicamente, me pregunto si Jesús no estaba rechazando también la práctica de hacer sacrificios de sangre. Lo que se vendía principalmente en el templo eran palomas y otros animales para ser sacrificados en el altar: una práctica bárbara. No puedo imaginar que a Jesús, un proponente de la no violencia, le agradara el asesinato de animales para apaciguar a Dios. Tal vez uno de sus mensajes al sacar el comercio del templo es que no hay que matar para contentar a Dios.

¿ESTABA JESÚS ENFADADO?

La historia de Jesús expulsando a los mercaderes con el látigo suscita una pregunta: ¿Estaba enfadado? Si es así, ¿va este comportamiento en contra de su enseñanza de amar a tu prójimo como a ti mismo, poner la otra mejilla, ser astutos como serpientes y mansos como palomas, y perdonar setenta veces siete? Uno de los evangelios nos cuenta que Jesús tomó un látigo y azotó las mesas de los vendedores. Tal venganza violenta no parece característica del Príncipe de la Paz.

Algunos teólogos argumentan que en realidad Jesús no estaba enfadado. Estaba haciendo una declaración dramática para enseñar una lección contundente. Quería captar la atención de todos para que aprendieran que el capitalismo no debe superar a la religión. ¿Estamos proyectando nuestra propia ira sobre un inocente acto educativo?

Por otra parte, ¿es posible que Jesús, que en general conservaba su identidad como el hijo de Dios, tuviera también sus momentos humanos? ¿Había situaciones en las que permitía que la emoción le sobrepasara? ¿Era Jesús perfecto en todo momento, o recorrió el mismo camino que todos nosotros, a veces recordando nuestro verdadero ser y otras olvidándolo? ¿Puede este incidente inspirarnos a tener compasión por nosotros mismos cuando nuestra actuación no está perfectamente sintonizada con Dios?

Hay una cosa segura: Jesucristo no podía al mismo tiempo ser Dios y estar enfadado. El enfado es una experiencia humana que Dios desconoce, una proyección de la humanidad sobre la divinidad. Voltaire dijo: "Si Dios nos creó a su imagen y semejanza, le hemos devuelto el favor". Considerando que el enfado es miedo bajo presión, si Dios como Jesús se enfadó, Dios debe haber tenido miedo: una situación imposible.

O bien Jesús perdió momentáneamente su tranquilidad, o exhibió un comportamiento aparentemente violento sin estar enfadado. ¿Qué piensas tú?

EL GIRO OSCURO

Aunque podemos imaginar la purga de Jesús en el templo libre de enfado, algunos teólogos le han dado la vuelta a la historia para justificar la violencia en el nombre de Cristo. Usan el incidente para racionalizar las cruzadas, las inquisiciones, el asesinato de infieles, los linchamientos, las quemas de brujas, el racismo y el genocidio. Aquí contemplamos el mayor triunfo de Satán, adelantándose a Cristo como cabeza de la iglesia. "Si Jesús golpea a la gente hasta someterla, nosotros también podemos".

Sin embargo, Jesucristo no tenía nada que ver con la violencia. Todo lo que él representaba niega el derecho de nadie a infligir dolor intencionalmente a otro ser humano. Su vida y sus enseñanzas hablan de bondad, misericordia y perdón. Dedicó su ministerio a inspirarnos para que alcanzásemos estos rasgos nobles. Practicar estos atributos divinos, en lugar del castigo y la represalia, nos da una oportunidad única de hacer que la Tierra se parezca más al cielo. Quienes justifican actos odiosos en nombre de Cristo son presa de la más burda de las ilusiones, y velan la luz con una indescriptible capa de oscuridad.

LIMPIAR EL TEMPLO INTERNO

Para beneficiarse al máximo de la historia, debemos volver a reconocer que todos los elementos y personajes del escenario viven *dentro* de nosotros. El gran templo representa el santuario donde Dios habita en nuestro corazón, el sereno espacio del alma que nos franquea la entrada a lo divino. Los cambistas y mercaderes reflejan la parte de nuestra mente que está distraída por los logros materiales hasta el punto de perder la paz interna. Jesús representa a nuestro verdadero ser, la voz sanadora que nos llama a vivir alineados con nuestra naturaleza divina.

Imagina que fueras dueño de un negocio en el que contratas a alguien que promete ayudarte, pero que en realidad te erosiona. Mientras esta persona alardea de estar consiguiendo mayores beneficios para ti, está robando grandes sumas de tu cuenta bancaria. También está intentando subrepticiamente congregar a otros trabajadores para sabotear tu éxito. Si descubrieras el efecto desastroso que esta persona está perpetrando, sin duda la despedirías. Harías todo lo que estuviera en tu poder para librarte de ella e impedir que siga dañando tu negocio.

El ego promete traernos paz, pero en secreto nos aleja de ella. Se presenta a sí mismo como nuestro salvador, cuando en realidad es un saboteador. Cada día somos guiados por falsas creencias que cancelan nuestra alegría. Pero Cristo en nosotros no está dispuesto a soportar las actitudes y conductas autoderrotistas. Expulsa lo que pone en peligro tu bienestar. La voz de Cristo dice al saboteador interno: "¡Sal de la casa de mi Padre!". Tu mente es un lugar sagrado; a ningún intruso se le debería permitir socavar tu felicidad. Todo pensamiento negativo debe desaparecer para que puedas invertir tu energía en proyectos mucho más gratificantes.

Tu Cristo interno no necesita azotar al ego para expulsarlo del templo. Simplemente hace brillar la luz de la verdad con tanto fulgor que los elementos disfuncionales de tu psique se disuelven. Resulta tentador declarar la guerra a la oscuridad; sin embargo, la guerra *es* oscuridad. No puedes acabar la guerra librando una guerra contra la guerra. Más oscuridad no desplazará la noche; solo la luz traerá el amanecer. Cuando Jesús nos llamó a "ser la luz del mundo" y a "devolver bien por mal", estaba dándonos la fórmula para purgar a los ladrones de nuestro sagrado santuario interno.

EMPUÑAR LA ESPADA DE SAN MIGUEL

Los artistas y escultores retratan a san Miguel empuñando una espada larga, brillante y afilada. Este arma simboliza nuestro poder de separar las ilusiones de la realidad. Es la herramienta del discernimiento divino. Cada día nos ofrece muchas oportunidades de elegir entre la verdad y las mentiras; de decidir si caeremos en el miedo o defenderemos el amor. La espada de san Miguel no es un arma para atravesar un cuerpo, sino más bien para cortar con todo aquello que no nos sirve, y preservar lo que nos sana. San Miguel no es un asesino. Es un liberador.

Los políticos nos advierten de las "armas de destrucción masiva". Jesús nos advierte de las armas de distracción masiva. Dedicamos demasiado tiempo de nuestra vida a perseguir cosas que en realidad no nos llevan donde queremos ir. ¡Somos mucho más poderosos cuando permanecemos enfocados en la divina presencia! Al librarse de los mercaderes que ocupaban el templo, Jesús estaba empuñando la espada de san Miguel. Y lo mismo debemos hacer nosotros cuando nos confrontamos con los intrusos que obstruyen la entrada al gran templo de nuestro espíritu.

La casa de oración es nuestro refugio de un mundo demente. No encontraremos paz vendiendo ni haciendo sacrificios. La oración es mucho más que murmurar un guión rutinario; Jesús nos advirtió contra la repetición vana. Cuando estás alegre, estás iluminando el templo y cumpliendo con su propósito y con el tuyo. Una persona feliz lleva a Dios al mundo mucho más eficazmente que una desdichada. Retiremos a los saboteadores del enfado, la depresión, la desesperación, el materialismo y la avaricia de nuestra catedral interna. No los expulsamos con látigos, sino reemplazándolos con gratitud, con reverencia por la santa presencia y con celebración. Así es como restauramos el templo de la verdad a su gloria original.

22

SOLO DI LA PALABRA

Un centurión romano vino a Jesús y le rogó:

—Señor, mi sirviente está en casa paralizado, sufriendo terriblemente.

Jesús le preguntó:

—¿Te gustaría que fuera a curarle?

El centurión replicó:

—Señor, yo no merezco que vengas bajo mi techo. Pero solo di la palabra. Porque yo mismo soy un hombre de autoridad, con hombres a mi mando. Cuando le digo a este "ve", él va; y al otro "ven" y viene. Digo a mi sirviente: "Haz esto", y lo hace.

Cuando Jesús oyó esto, se sintió asombrado y dijo a la multitud que le seguía:

—En verdad os digo: no he encontrado a nadie en Israel con una fe semejante...

Entonces Jesús dijo al centurión:

—¡Ve! Que se haga tal como has creído.

Su sirviente quedó curado en ese mismo momento.

Nuestras palabras pueden hacer o romper nuestra vida. Lo que sale de nuestra boca retorna a nosotros en forma de sucesos tangibles. La misma palabra de poder que Jesús usó para sanar al sirviente del centurión está a nuestra disposición. Cuando reconoces el potencial creativo de las palabras que dices, tienes cuidado de decir solo lo que deseas que ocurra.

"En el principio era la palabra" no se aplica solo al comienzo del universo. Se aplica a cada palabra que expresas. Cada suceso y experiencia comienza con una palabra. Los pensamientos son las formas más sutiles de las palabras. De modo que nosotros podemos decir con igual autoridad: "En el principio era el pensamiento".

EL PODER DE "YO SOY"

Las dos palabras más poderosas que puedes pronunciar son: "Yo soy". Debemos estar muy atentos a lo que decimos después de "Yo soy". Aquello con lo que llenas el espacio en blanco tiende a volverse realidad. Lo que digas hoy es la próxima película que verás en tu vida mañana.

"Yo soy" define la identidad que declaras. En verdad solo tienes una identidad —Dios—, y nada de lo que digas o hagas puede cambiar quién eres. Pero como Dios nos ha dado el poder de crear con nuestra mente, podemos producir experiencias contrarias a lo divino. Puedes construir una historia penosa y vivir en ella como si fuera verdad, aunque seas un alma gloriosa y triunfante. Si dices: "Estoy enfermo", o "estoy deprimido", o "soy pobre" estás diciendo una mentira. Entonces refuerzas y perpetúas la experiencia que genera la mentira. Cuando dices la verdad: "estoy bien", "soy rico" o "soy amado", fortaleces y expandes estas experiencias.

El profeta Joel dijo:

—Que los débiles digan: "Yo soy fuerte".

Detrás y por debajo de nuestra creencia en la debilidad vive un yo más profundo y fuerte. Todo lo que Dios es, nosotros somos. Todo lo que Dios no es, nosotros no somos. Solo nos son aplicables los atributos de Dios; todo lo demás es un error de percepción. Dios no puede ser débil y tú tampoco. Joel estaba llamándonos a cambiar nuestra percepción de nosotros mismos de la fragilidad a la maestría.

La maestra metafísica Florence Scovel Shinn basó todo su ministerio en el poder de la palabra. Las personas que querían curación física, relaciones gratificantes y más prosperidad venían a la señora Shinn para que pronunciara la palabra por ellas. Como resultado, disfrutaban de manifestaciones y milagros notables. Escribió un libro titulado *Your Word is Your Wand* [Tu palabra es tu varita mágica], indicando que tenemos el poder de generar cielo o infierno, salud o enfermedad, riqueza o pobreza, con las palabras que decimos.

La mayoría de las personas no se da cuenta del poder de sus palabras, de modo que usan mal su vocabulario y crean y prolongan situaciones que les hacen daño. Pero primero se hieren a sí mismas con pensamientos y palabras que van en contra del bienestar que desean y merecen. Cuando activas conscientemente el poder de tus palabras, te conviertes en un sanador y motivador. Nunca subestimes la influencia de tus palabras. Cuanto más expreses tu bien, más te encontrará.

EXPULSA LOS DIABLOS DE TU MENTE

En algunas de sus curaciones, Jesús extendía las manos sobre los enfermos. En otras, simplemente pronunciaba la palabra. Las palabras extienden nuestro poder curativo mucho más allá de las puntas de nuestros dedos. Las manos se mueven en la dimensión de la carne. Las palabras se mueven en la dimensión de la mente. Puesto que la mente es el campo donde vivimos, y no está limitado por el tiempo o la distancia, las palabras extienden la curación más allá de los parámetros del toque.

La Biblia nos dice que Jesús expulsaba diablos. Cuando se encontraba con personas poseídas, Jesús ordenaba valientemente: "¡Satán, sal fuera!", y la persona quedaba liberada. Podemos explicar estas curaciones en términos científicos. Cada palabra que pensamos o decimos tiene una vibración específica. El miedo, la negatividad y la enfermedad operan en una vibración baja y densa. El amor, la positividad y la curación funcionan a una vibración más ligera y elevada. Cuando aplicas una vibración elevada a una situación de baja vibración, dicha situación se transforma. Cuando Jesús ordenaba: "¡Satán, sal fuera!" estaba movilizando el poder de la palabra para reemplazar con luz la energía oscura. Cuando las ilusiones se encuentran con la verdad, la verdad prevalece. Nada irreal puede seguir existiendo en presencia de lo real.

No te librarás de los pensamientos negativos luchando contra ellos; la resistencia solo los empodera. Aquello a lo que te resistes, se expande y persiste. La manera de sanar los pensamientos negativos es reemplazarlos por positivos. Cuando notas que surge la negación, encuentra pensamientos que representen su alternativa curativa y albérgalos. Así estás expulsando a los diablos de tu mente.

POR QUÉ JESÚS VISITARÍA TU CASA

La declaración del centurión: "No merezco que entres en mi casa" representa un sentimiento de no ser dignos que muchos albergamos. Se nos ha enseñado a creer que somos pecadores o deficientes, y que Dios no está dispuesto a perder el tiempo tratando de ayudarnos. O que merecemos ser castigados y debemos pagar nuestro karma negativo antes de merecer la curación. La autoevaluación adversa del centurión no casaba con el ministerio de Jesús, pues el mesías místico era famoso, y también criticado, por pasar tiempo con personas poco respetables y almas perdidas. Él declaró:

—Iré dondequiera que sea bienvenido.

Si bien Jesús habría entrado en casa del centurión, este no creía que iría a su casa, de modo que no le invitó. Sin embargo, Jesús encontró una manera de hacer que las cosas funcionaran y envió su palabra para curar al sirviente.

Aunque es posible que tengas juicios con respecto a errores necios que puedas haber cometido, a tu pasado vergonzante, o a personas a las que has herido, Jesús no comparte esas percepciones de ti. Lo único que ve es un alma brillante que busca curación. La culpa —un invento del ego humano engañado— no es un elemento del repertorio mental de Cristo. Él estaría contento de entrar en tu casa si le invitaras. Si estás leyendo este libro, ya ha entrado. A nivel metafísico, tu hogar representa tu mente. Jesús estará feliz de entrar en tu mente y de sanar tus pensamientos dolorosos si se lo permites.

La disposición de Jesús de ayudar al centurión también nos ofrece un modelo para que abandonemos nuestros juicios cuando otros vengan en busca de ayuda. Si Jesús podía cenar con sacerdotes pomposos y ayudar al sirviente de un soldado romano, tú puedes pasar por alto el ruido que hace tu marido al sorber la sopa. Recuerda que cada acción humana es o bien una pura expresión de amor o una petición de amor. Cuando reencuadramos las acciones malintencionadas o alocadas como una petición de amor, podemos cruzar el puente sobre el río del juicio y reemplazar la alienación con resolución.

TAL COMO HAS CREÍDO

La declaración de Jesús: "Que se haga tal como has creído" es otra enseñanza crucial. El maestro estaba acreditando la creencia del centurión como la puerta a través de la cual llega la curación. El respeto del centurión por el poder de la palabra le llevó a confiar en que la palabra de Jesús lograría la curación, y lo hizo.

La creencia es un elemento importante de la curación o de cualquier tipo de éxito. Jesús estaba afirmando el poder de la intención para crear la experiencia. Había disciplinado su mente para que se alineara con el bienestar, de modo que cuando pronunció la palabra, se logró la curación. Tú y yo podemos conseguir el mismo éxito cuando alineamos nuestros pensamientos con la verdad más elevada. Entonces el poder de todo el universo nos respalda.

Jesús también curó a un hombre que era ciego de nacimiento. El maestro escupió en un terrón de tierra, hizo un poco de barro y lo frotó sobre los ojos del hombre. Inmediatamente, este recuperó la vista. ¿Había alguna magia en el barro creado con la saliva de Jesús? En absoluto. El barro fue lo que dio permiso al ciego y a los observadores para que proyectaran su fe. El barro no tiene poder, aunque Jesús escupa sobre él. Todo el poder está en la creencia. Si Jesús se hubiera limitado a pronunciar la palabra, el receptor no habría creído lo suficiente para empujar el milagro a su manifestación. Pero un objeto tridimensional parecía suficientemente real para hacer el trabajo.

¿QUIERES CURARTE?

En Jerusalén, Jesús se encontró con un hombre que había estado paralizado durante treinta y ocho años. Yacía junto a la piscina de Bethesda, donde la gente creía que, si eras el primero en entrar en la piscina después de agitarse las aguas, te curabas. Jesús preguntó al inválido:

—¿Quieres ser curado?

El hombre replicó:

—No tengo a nadie que me lleve al agua cuando se agita.

Jesús replicó:

—Ponte de pie, toma tu camilla y anda.

En ese momento el hombre se curó. Tomó su camilla y caminó.

Hay varios elementos de la historia que son relevantes para todos nosotros. En primer lugar, la gente creía en la superstición de que uno tenía que ser el primero en llegar al agua para curarse. El hombre paralítico creía en la superstición y culpaba a otros de no llevarle al agua como la razón por la que seguía siendo minusválido. Atribuía erróneamente su poder al agua y a la gente, cuando ninguno de ellos es una fuente de curación. La fuente de curación es la mente alineada con la verdad.

Pero la intención de Jesús de que el hombre se curara iba más allá de la queja y de la superstición. La camilla que Jesús le pidió al hombre que se llevara consigo no era una esterilla de paja donde dormía, sino las creencias limitantes en las que estaba atrincherado. Se había vuelto perezoso en su mente: estaba atascado en una ranura de autodefinición que le constreñía.

Cuando Jesús le preguntó: "¿Quieres ser curado?", confrontó al hombre con la elección que había estado evitando. El hombre aceptó el reto que le planteaba Jesús, tomó sus antiguas creencias y salió de su posición atrincherada.

Observo esta posición en algunos de mis clientes de *coaching*. A un hombre le habían diagnosticado déficit de atención por hiperactividad.

—Creo que no tengo un déficit de atención muy serio —me dijo—. Puedo enfocarme y hacer cosas si me lo propongo.

—Entonces, ¿por qué no te enfocas siempre? —le pregunté.

—Tengo miedo de que si acabo mis proyectos y se los muestro al mundo, seré criticado. De modo que es más fácil seguir con el déficit de atención, no acabar los proyectos y evitar las críticas que temo.

Otra clienta se quejó de que ella siempre dejaba las cosas para después y nunca acababa de limpiar la casa.

—¿Por qué dejar las cosas para mañana es más gratificante para ti que limpiar la casa? —pregunté.

—Mi padre era perfeccionista y me exigía que yo también lo fuera —me dijo—. Tengo miedo de que, si hago mi tarea y no es perfecta, me sienta como una fracasada.

En ambos casos, estas dos personas se sentían cómodas en sus camillas de creencias limitantes. Necesitaban recoger sus viejos programas negativos, elevarse por encima de ellos y continuar avanzando.

Esta historia de la Biblia es aplicable a cualquiera de nosotros que estemos tan inmersos en antiguos patrones que percibamos más gratificación en mantenerlos que en cambiarlos. También podemos culpar a otros por no hacer por nosotros lo que podemos hacer por nosotros mismos. Cuando nuestro yo superior, representado por Jesús, nos ordena que salgamos de nuestra vieja ranura y que nos pongamos en marcha, su autoridad rompe patrones solidificados y se produce la curación que nos parecía imposible.

EL PODER DE LA INTENCIÓN SUBCONSCIENTE

Hay palabras aún más poderosas que las que pronunciamos con nuestros labios. Son las palabras que pronunciamos en nuestro subconsciente. Freud tenía razón cuando describió la mente como un iceberg en el que hay una pequeña parte que es visible, y la parte más grande está sumergida debajo de la superficie de nuestra conciencia. Algunos científicos estiman que el noventa y cinco por ciento de la actividad mental ocurre a nivel subconsciente. El subconsciente no dice palabras. Alberga ideas, que son palabras en un estado más esencial. Si bien creas tu vida con las palabras que dices, creas tu vida de manera más fundamental mediante las ideas que albergas.

Mi cliente Haley me planteó esta situación:

—Mi madre fue hipocondríaca toda su vida. Pasó buena parte de su vida quejándose y visitando médicos, que no le encontraban nada. Acabó teniendo una larga vida y murió a los noventa y dos. Si las palabras que decimos determinan nuestra experiencia, y mi madre hablaba constantemente de su mala salud, ¿cómo conservó la salud y vivió tanto tiempo?

Expliqué a Haley:

—A tu madre le gustaba la atención que conseguía al quejarse de sus enfermedades imaginarias. Esa atención le daba vida. La recompensa que percibía de la simpatía que recibía era mayor que los problemas de los que se quejaba. Independientemente de lo que dijeran su mente consciente y sus palabras, subconscientemente tenía la intención de vivir mucho tiempo, y lo hizo.

Siempre puedes detectar lo que crees por lo que consigues. Podemos usar los sucesos externos como un espejo para ayudarnos a tomar conciencia de nuestras elecciones internas.

MÁS CERCA DE DIOS QUE LAS MASAS

Cuando Jesús oyó las palabras del centurión y dijo a la gente que le rodeaba: "Este hombre tiene más fe que cualquier otro que yo haya conocido en Israel", estaba enseñando que las prácticas religiosas no son lo mismo que la fe. Si bien la gente judía era piadosa en el sentido religioso, en muchos sentidos su fe era hueca. Y aquí viene un romano, a quien consideraban un pagano que no cree en Dios, y tenía una fe perfecta en la curación.

El empoderamiento espiritual tiene poco que ver con las acciones externas y mucho que ver con el estado mental. Puedes pasar toda una vida realizando buenas acciones y aun así tener la sensación de estar separado de Dios. El operar de la mente interna es mucho más profundo que las creencias religiosas. Mi amigo Don se llama a sí mismo ateo. Sin embargo, es una de las personas más bondadosas, sinceras y honorables que he conocido nunca.

Es un marido y padre devoto, y disfruta de relaciones amorosas con sus hijos. Cuando puse mi casa en venta, Don la compró, y su generosidad e integridad en la transacción fueron impecables. Independientemente de su falta de afiliación religiosa, tiene un corazón de oro y su presencia en el mundo es una bendición. Lo que Don se llame a sí mismo no tiene importancia. Cómo vive su vida sí que la tiene.

Aunque a menudo usamos las palabras "religión" y "fe" de manera intercambiable, no son necesariamente lo mismo. Tu experiencia de la vida no se basa en tu religión. Se basa en aquello en lo que crees. Todos tenemos fe en algo. Algunos tienen fe en Dios y otros tienen fe en el dinero. Algunos tienen fe en la cooperación y otros tienen fe en la competición. Algunos tienen fe en Jesús, otros en Alá, otros en Buda, y otros en la expresión artística. Vi un vídeo de YouTube que mostraba una de las primeras actuaciones de los Beatles. Otro espectador que se consideraba ateo comentó:

—Si alguna vez hubo una prueba de la existencia de Dios, es el talento con el que los Beatles trajeron tanta alegría y elevación al mundo.

Hasta el ateo buscaba alguna prueba de la existencia de Dios, y la encontró.

Cada cual encuentra la curación a través del medio que elige. Una ruta no es mejor ni más valiosa que otras. El nombre de Cristo es ciertamente poderoso, sin embargo, la energía que esta palabra representa es universal, sin importar con qué palabra se exprese. Cuando curas en el nombre del amor, estás curando en el nombre de Cristo. La frase "conserva la fe" es válida no porque se refiera al poder de la religión, sino al poder de la fe. Cuando dices la palabra con fe, el universo está a tus órdenes.

23

¡SAL FUERA!

De todos los milagros que Jesús realizó, resucitar a Lázaro de entre los muertos es el más dramático. Una cosa es devolver la salud a una persona enferma, pero devolver la vida a un difunto es otra muy distinta. La de Lázaro no es la única resurrección que Jesús realizó. También resucitó al hijo de la viuda Nain, así como a la hija de Jairo. Más adelante, él mismo retornó después de su crucifixión.

Si bien es emocionante contar estas historias espectaculares, entremos en la dinámica de cómo Jesús realizaba estos milagros, y, lo que es más importante, cómo tú y yo podemos restaurar la vitalidad de los elementos muertos de nuestra vida, y ayudar a otros a hacer lo mismo.

> Lázaro, Marta y María eran amigos queridos de Jesús. Cuando Lázaro cayó gravemente enfermo, sus hermanas enviaron un mensaje a Jesús pidiéndole que viniera a Betania y le curara. Al oír la noticia, Jesús lloró. Esperó unos días, y después se desplazó a casa de Lázaro.
>
> Para cuando Jesús llegó, Lázaro ya había muerto y llevaba cuatro días en la tumba, Marta se encontró con Jesús y se quejó:
>
> —Si hubieras llegado antes, podrías haber salvado a mi hermano.
>
> Jesús se acercó a la tumba y pidió a los presentes que retiraran la piedra que tapaba la entrada. Se arrodilló y rezó: "Gracias,

Padre, por responder a mi oración". A continuación, ordenó enérgicamente:

—Lázaro, ¡sal fuera!

Momentos después, para asombro de todos, Lázaro emergió de la tumba vestido con su ropa funeraria. Jesús pidió a la gente que le quitara esa ropa y el hombre siguió con su vida.

Este conmovedor escenario está lleno de enseñanzas simbólicas. En primer lugar, debemos indicar que, cuando Jesús se dio cuenta de que Lázaro estaba muerto, lloró. Aquí volvemos a ver que Jesús compartía las experiencias humanas por las que todos pasamos. Aunque el maestro era uno con Dios, también sintió las emociones que tocan nuestras vidas. La mayoría de las descripciones de Jesús le retratan como alguien que caminó sobre las aguas, no como alguien que pisó el barro, como todos hacemos. Entristecido por la reciente pérdida de su amigo, mostró su dolor. "Jesús lloró" es la frase más breve de la Biblia, e indica que el maestro pasó un poco de tiempo llorando, y la mayor parte de su tiempo curando. Este pasaje nos da permiso para ser humanos y, más allá de nuestra ternura, a habitar en presencia de Dios.

La queja de Marta de que Jesús llegase tarde tipifica la falta de fe en la que todos caemos. "Si esto hubiera ocurrido —o no ocurrido—, mi vida sería mucho mejor". Sin embargo, aunque todos protestamos de alguna falta en el plan divino, la providencia no se interrumpe. *Un curso de milagros* nos dice: "Todas las cosas obran conjuntamente para el bien. En esto no hay excepciones excepto a juicio del ego". En el momento de estar enfadada, Marta cayó en el ego.

Si te sientes impaciente o te lamentas de algo, practica la afirmación, "el momento elegido por Dios es perfecto". Todas las cosas se despliegan en una secuencia perfecta. Si creemos que se producen errores en cuanto al tiempo, planteamos una exigencia de cuándo deberían ocurrir las cosas en lugar de dejar que ocurran en su momento óptimo. Si puedes relajarte y confiar en el orden divino, el orden natural se revela a sí mismo, y el ego se vuelve humilde ante un plan más grande y sabio.

NO PIERDAS TIEMPO EXPLICANDO

Jesús no dio ninguna respuesta a la crítica de Marta. Simplemente siguió con lo que tenía que hacer, que era resucitar a su hermano. Cuando sigues la guía interna, no necesitas disculparte, justificarte ni explicar: todo esto son pérdidas de tiempo para un maestro espiritual. Simplemente sigue adelante con la tarea que tienes entre manos y confía en que la gente que no entiende o que se siente molesta lo entenderá cuando las cosas acaben saliendo bien.

Se dice: "La gente que no cree en ti no escuchará ninguna explicación, y la gente que cree en ti no necesita ninguna explicación". Cuanto más tratas de justificarte, más profundo es el agujero que cavas. Para antes de empezar. "Cuando tu trabajo habla por sí mismo, no interrumpas".

RETIRAR LA PIEDRA

La orden de Jesús: "Retirad la piedra" es una metáfora clave. Cuando percibimos un problema insuperable o una pérdida irrecuperable, hemos dejado que la piedra del pensamiento pequeño bloquee nuestra visión de posibilidades mayores. La verdadera piedra es la creencia en la limitación. Antes de poder ver una solución, tenemos que dejar a un lado las creencias oscuras y las expectativas desalentadoras. Entonces, aquello que parece muerto, enterrado, incurable o imposible puede dar un paso al frente, hacia la luz y prosperar en pleno esplendor.

LA ORACIÓN RESPONDIDA

Jesús instituyó un modelo convincente cuando agradeció a su Padre por haber respondido a su oración incluso antes de verla manifestada. Esto es consistente con su enseñanza de que nuestra petición ya ha sido concedida ("Contempla, el campo ahora está maduro para la cosecha"). Así es como deberíamos rezar. En lugar de pedir a Dios algo que esperamos que suceda y reservar nuestro agradecimiento hasta después de haber visto el resultado, debemos entrar en el estado mental de gratitud, en el que el don ya ha sido concedido. Debemos proceder *desde* el resultado en lugar de hacia él.

Durante las últimas décadas, ha surgido un nuevo campo denominado "psicología de la visión". Los terapeutas enseñan la técnica de delinear nuestros objetivos con tanta claridad en nuestra mente que sintamos que ya los hemos alcanzado. Cuando a una estrella del baloncesto le preguntaron:

—¿Cómo anotas tantos puntos?

—La pelota está en la canasta antes de salir de mis manos —respondió.

Jesús demostró esta dinámica hace dos mil años. La psicología está poniéndose lentamente a la altura de los principios universales que Jesús reveló. En último término, lo que los seres humanos aprenden a través de la ciencia corroborará las verdades espirituales que han sido conocidas y enseñadas durante milenios.

¡SAL FUERA!

La enseñanza más destacada en la resurrección de Lázaro por parte de Jesús fue la orden del maestro: "Lázaro, ¡sal fuera!". ¿A quién le está hablando Jesús? Ciertamente no al cadáver en descomposición. Jesús fue más allá de la apariencia física hasta la realidad espiritual. Él sabía que el alma de un hombre llamado Lázaro estaba muy viva e intacta, independientemente de las apariencias de su condición corporal. Jesús enseñó: "No juzgues por las apariencias, sino juzga con juicio justo". En otras palabras: "No te dejes engañar por lo que te muestran los sentidos". Mientras las hermanas de Lázaro estaban inmersas en el duelo, Jesús estaba establecido en un nuevo amanecer. No prestó atención a la forma limitante, sino que dio plena atención al espíritu viviente, que respondió y emergió pleno y triunfante.

Para ser un sanador, profesor, padre o líder eficaz debes establecerte en la visión más elevada de tus clientes, estudiantes, hijos o equipo. La gente responde positivamente a tus expectativas y negativamente a tus críticas. Generas resultados enfocándote en lo que quieres en lugar de resistirte a lo que no quieres. Defínete en función de aquello de lo que estás a favor, no en función de aquello de lo que estás en contra; defínete según aquello en lo que te quieres convertir, no en función de lo que temes que tú eres u otros son. Solía ver a un quiropráctico que me saludaba diciéndome:

—¿Cómo está hoy el hombre más saludable del planeta?

Yo no pensaba que fuera el hombre más saludable del planeta, pero cuando él me lo decía, sin duda me sentía más saludable. Él ordenaba a mi bienestar: "¡Manifiéstate!", y mi bienestar se manifestaba.

Asimismo, tú puedes evocar las mejores notas de tus alumnos, la curación de tus padres, relaciones armoniosas en tu familia, o que tu equipo corporativo consiga un récord de ventas. Los principios universales funcionan dondequiera que los apliquemos. Jesús no estaba imbuido por ningún poder especial que nosotros no compartamos. No vino a estar aparte de la humanidad, sino a llamarnos a alcanzar la maestría que él demostró.

TU RESURRECCIÓN PERSONAL

¿Hay una parte de ti o de tu vida que parece haber muerto? ¿Has perdido la pasión? ¿Pasas por tus días arrastrando los pies, preguntándote por qué estás aquí? ¿Crees que ya has dejado atrás tus mejores años? ¿Has sentido tanto dolor en las relaciones que has sellado tu corazón en una tumba protectora? ¿Te has vuelto tan serio que no te permites reír? ¿Has perdido la fe en que la humanidad pueda superar los retos que afrontamos?

Si es así, es hora de descorrer la piedra y de ordenar a tu yo superior y más verdadero: "¡Sal aquí!". Cuando Jairo y su mujer le dijeron a Jesús que su hija estaba muerta, Jesús replicó:

—La muchacha no está muerta. Solo está dormida.

Jesús le dijo unas pocas palabras a la muchacha y esta se levantó. Asimismo, las partes de tu vida que parecen muertas solo están dormidas. Como a Lázaro, tu Ser en Cristo te está llamando para que salgas de la tumba y retires tus vendajes; no son el atuendo apropiado para la fiesta a la que estás invitado. Lázaro siguió adelante con su nueva vida, como lo hizo la hija de Jairo, y tú también lo harás. Los dones espirituales que encarnas no pueden morir porque te han sido dados por Dios. A medida que emerjas de la cripta del miedo y de la historia de desaliento, te alzarás a plena luz del día, y estarás preparado para seguir adelante con lo mejor de tu viaje. La muerte, en cualquiera de sus formas, no es obstáculo para un espíritu viviente. Da la orden a tu vida más elevada: "¡Manifiéstate!", y sin duda lo hará.

24

CONMOVER AL JUEZ INMUTABLE

La resurrección de Lázaro no fue el resultado de la suspensión de las leyes universales. Fue el resultado de la aplicación inteligente de los principios que funcionan siempre a nuestro favor cuando los empleamos con fe e intención. El maestro contó una parábola fascinante que revela cómo podemos usar estas leyes en nuestro beneficio cuando entendemos la interacción entre el pensamiento enfocado y la manifestación:

> En cierta ciudad había un juez que no era temeroso de Dios ni le importaba la gente. Una viuda de esa ciudad seguía presentándose ante él y rogándole: "Otórgame justicia frente a mi adversario".
>
> Durante mucho tiempo el juez se negó. Pero finalmente se dijo a sí mismo: "Aunque no soy temeroso de Dios ni me importa la gente, esta viuda sigue molestándome, de modo que voy a ver que obtenga justicia. De ese modo ya no me cansará con sus continuas súplicas".
>
> Escucha la respuesta del juez injusto. ¿No otorgará Dios justicia a sus elegidos, que le imploran día y noche? ¿Seguirá sin hacerles caso? Yo te digo, Él verá que se haga justicia, y con rapidez.

Esta parábola suele entenderse como una enseñanza para ser persistente en la oración. Si rezas con insistencia suficiente y durante el tiempo suficiente, Dios responderá a tu plegaria. Buen consejo. Sin embargo, la lección intrapersonal es mucho más profunda.

El juez injusto de esta historia representa las creencias subconscientes que mantienes, y que van en tu contra. Al juez no le importa Dios ni la gente, lo que significa que la Ley de la Mente es impersonal ("Dios no hace acepción de personas"). Las leyes universales te servirán o te obstaculizarán dependiendo de cómo las uses. Las creencias autoderrotistas subconscientes son injustas y crueles hacia ti porque tú mereces la justicia del amor de Dios. No estás batallando con una autoridad externa a ti. Tus verdaderos oponentes son los pensamientos de juicio que tienes en tu mente. Solo la duda con respecto a ti mismo y la culpa pueden impedirte tener las cosas buenas que mereces.

En cualquier caso, la viuda se negaba a aceptar el rechazo inicial del juez, lo que significa que no estás limitado por tu programación subconsciente. Incluso si has tenido creencias limitantes durante muchos años, pueden ser reemplazadas por las creencias de honrarte a ti mismo que te otorgan las bendiciones de Dios. Pero debes ser persistente a la hora de abordar y desmantelar las pautas del pensamiento negativo.

Consigues esta victoria a través de la oración, las afirmaciones, las visualizaciones o cualquier otra práctica espiritual que eleve tu conciencia. Cuando rezas con sinceridad, dices una afirmación de manera consistente o visualizas con sentimiento, vas recortando la creencia limitante hasta que finalmente se disolverá. No estás lidiando con un adversario humano o sobrenatural. Estás lidiando con un hábito de pensamiento. Lo que forma una creencia negativa son los pensamientos erróneos que piensas una y otra vez. Puedes reemplazar esa creencia pensando pensamientos nuevos y más verdaderos, una y otra vez. La viuda retornando continuamente ante el juez representa que vas picando en el muro de los juicios negativos hasta que este se desmorone. También puedes pensar en una creencia negativa como en un bloque de hielo. Si sigues arrojando agua caliente sobre el hielo, se fundirá.

SUPERAR UN MUNDO INJUSTO

Todos creemos que de algún modo hemos sido tratados injustamente. Algún pariente abusó de ti en tu infancia; los niños de la escuela te acosaron; un amante o esposa te traicionó; alguien menos cualificado que tú obtuvo la promoción que querías; has sido víctima del prejuicio religioso, cultural o racial; tienes dificultades económicas; el gobierno no te provee adecuadamente; o tal vez tengas una minusvalía física. Se nos ha herido de múltiples maneras sin que haya una buena razón.

Sin embargo, *Un curso de milagros* nos advierte: "Ten cuidado con la tentación de sentirte injustamente tratado". Y nos pide que recordemos: "No soy víctima del mundo que veo". Estas enseñanzas van en contra del acuerdo del mundo sobre la injusticia y la victimización. ¿Cómo podemos resolver la injusticia y conseguir que el juez injusto produzca un veredicto justo?

La clave está en lograr un cambio de percepción. Deja de verte como el efecto de las elecciones de otras personas y reconoce que vas creando tu vida con las tuyas. Suelta cualquier identidad de víctima y reclama la maestría sobre tu experiencia. Estas transformaciones cruciales no se presentan de la noche a la mañana, generalmente requieren tiempo. Si renuncias por no haber conseguido resultados inmediatos, no alcanzarás tu meta. Tal como la viuda continuó llamando a la puerta del juez, tú debes continuar cuestionando las creencias que te retienen. Nadie puede detenerte excepto tú mismo y nadie puede hacerte avanzar excepto tú mismo. Dios debe tener mucha fe en ti para confiarte el poder de transformación. Ahora tú debes tener la misma fe en ti mismo.

VERDADERA JUSTICIA

Para obtener justicia tenemos que actualizar nuestra comprensión de la justicia. Se nos ha enseñado a equiparar la justicia con el castigo. Pero *Un curso de milagros* nos dice que la única justicia real es el perdón. Si vas a pedir justicia, pide liberación de la culpa, del miedo, del endeudamiento y del autosabotaje. El juez de la parábola fue injusto porque no trató a la viuda con bondad. Finalmente, administró justicia al ser tan bondadoso con ella como ella era consigo misma.

Cuando la viuda pidió al juez que le hiciera justicia ante su adversario, tendemos a asumir que su adversario era una persona. Esto puede ser cierto en el nivel superficial de la historia, pero el verdadero adversario es la tendencia a la autoderrota en el pensamiento, en el sentimiento, en el discurso y en el vivir. Resulta tentador pensar que debemos luchar con alguna persona o con alguna fuente externa a nosotros. Pero la iluminación es un trabajo interno. Conquistar a otra persona u organización es un logro menor —y distractor— en comparación con conquistar nuestra propia sensación de pequeñez. Parece más fácil intentar controlar el mundo que controlar nuestra mente. Pero como el mundo está en nuestra mente, controlar el mundo externo no tiene sentido. El verdadero triunfo es interno.

Jesús concluye la parábola prometiendo que cuando perseveramos en pedir justicia a Dios, Dios la administra con rapidez. Este es un giro interesante de la parábola porque el juez no respondió de inmediato a la petición de la viuda; solo lo hizo cuando ella le fue agotando con el tiempo.

Una vez más, debemos entrar en el nivel intrapersonal de la parábola para entender su significado. En cuanto sabes que mereces la felicidad, ella viene a ti. El bien que buscas está alineado al otro lado de tu puerta, esperando que lo aceptes. Mi clienta Mary Lu había vivido un matrimonio difícil que acabó en divorcio. A lo largo de un periodo de diez años tuvo algunas citas, pero ninguna de esas relaciones encajó. Temía repetir su doloroso matrimonio. Ahora quería sinceramente encontrar un compañero de vida. En la sesión de *coaching,* llegamos a esta afirmación: "Estoy abierta, dispuesta y preparada para conectar con un compañero de vida maravilloso". Esta afirmación resonó en ella y continuó practicándola.

Pocas semanas después, Mary Lu participó en uno de mis *webinars.* Tenía un aspecto fantástico, parecía diez años más joven. Asombrosamente, un hombre de aspecto agradable estaba sentado junto a ella. Y nos contó:

—Después de practicar mi afirmación, me uní a una página web de citas. Allí conocí a Chester. Intercambiamos algunos textos, nos encontramos para tomar café y después empezamos a salir. Ambos sentimos que hemos conocido a nuestro compañero correcto.

Chester compartía los valores espirituales de Mary Lu, y ella le importaba mucho. Disfrutaron de una relación profundamente gratificante.

Mary Lu y Chester son ejemplos vivientes de la conclusión "rápida" de la parábola en la que el juez injusto se transforma. En cuanto ella estuvo preparada, el milagro ocurrió. Cuando estés preparado, el tuyo también ocurrirá.

Incluso si no manifiestas un resultado material de inmediato, puedes disfrutar de paz interna ahora. Esta es la mejor manifestación de todas. Cuando haces de la satisfacción del alma tu objetivo, todas las cosas del mundo externo le siguen de manera natural. En lugar de dejar que la paz interna dependa de una condición externa, construye tus condiciones externas en función de tu estado mental. Así es como ocurren las remisiones espontáneas y las curaciones. Mientras esperas que Dios te otorgue sus bendiciones, Dios está esperando que las recibas. Tu "sí" sincero abre la puerta a los milagros.

LA ORACIÓN MUEVE MONTAÑAS

La oración es el mayor poder a nuestra disposición porque une nuestra mente con la mente de Dios. En la oración alineamos nuestra voluntad con la de Dios, y recibimos las cosas buenas que Dios quiere para nosotros. No tenemos que convencer a Dios de que nos reparta bendiciones; tenemos que convencernos a nosotros mismos para aceptarlas. El teólogo Philip Brooks lo dice sucintamente: "La oración no es superar la renuencia de Dios, sino aprovechar Su buena disposición".

Un estudiante le pidió a mi mentora Hilda Charlton que le ayudará a conseguir una curación. Hilda le dijo:

—Si yo fuera tú, golpearía los éteres hasta conseguir el resultado que deseo.

"Golpear los éteres" equivale a la perseverancia de la viuda para convencer al juez. "Los éteres" significan la atmósfera psíquica en la que habita tu mente subconsciente.

> Quien diga a esta montaña: "Ve y arrójate en el mar", y no dude en su corazón, sino que crea en que lo que dice pasará, eso será hecho para él. Por lo tanto, os digo: cualquier cosa que pidáis en oración, creed que ya la habéis recibido, y será vuestra.

Tal como la viuda movió la montaña de la resistencia del juez, cuando rezamos, adquirimos la capacidad de cambiar cualquier cosa sobre la Tierra (*Un curso de milagros* nos pide que recordemos: "No hay nada que mi santidad no pueda hacer"). Ninguna religión es dueña de la patente de la oración. Puedes rezar oraciones religiosas, o espirituales, o cualquier oración que formules desde tu corazón. Cualquier pensamiento positivo y creativo es una oración. El ingrediente activo de la oración es la sinceridad de intención.

El juez injusto es la humanidad pensando, y la viuda persistente es Dios pensando. Los pensamientos de Dios se superponen a los pensamientos de la humanidad hasta que estos se convierten en los pensamientos de Dios. Entonces el veredicto se administra equitativamente y se obtiene justicia.

25

¿ESTÁS DANDO LO MÁXIMO DE TUS TALENTOS?

Manifestar tu bien más alto no consiste en importar algo del mundo externo. Consiste en permitir que lo mejor de tu mundo interno fluya en su expresión natural. En este mismo momento llevas dentro de ti todo lo que necesitas para vivir tus sueños más elevados. Tu trabajo consiste en confiar en tus dones y en repartirlos.

Un hombre rico, a punto de salir de viaje, confió una porción de su hacienda a tres de sus sirvientes. Dio a uno cinco talentos [monedas de valor significativo], a otro dos talentos y a otro uno. Cuando más adelante volvió a casa, el maestro pidió a cada uno de los sirvientes que le rindiera cuentas de lo que habían hecho con los talentos.

El primer sirviente le informó de que había invertido sus cinco talentos y había ganado cinco talentos más. El segundo sirviente también había doblado su inversión. El maestro estaba complacido y les dijo: "Bien hecho..., habéis sido fieles en lo poco, os haré gobernar sobre muchas cosas".

El tercer sirviente, sin embargo, no invirtió el dinero ni obtuvo una rentabilidad. Como tenía miedo de perderlo, escondió su talento en el suelo. Al oír esto, el maestro se enfadó, puesto que el sirviente no había mejorado la inversión. A continuación el maestro castigó al sirviente improductivo.

Estos talentos materiales sirven de metáfora de los talentos personales. Dios ha invertido en cada persona dones únicos y preciosos. Podrías ser un artista, un escritor o un chef de talento. Puede que seas bueno en el trabajo con los niños, en el cuidado de los animales o en la planificación financiera. Tal vez seas cura, sanador o instructor de yoga. Hay algo que te encanta hacer, que haces bien, y eso ayuda a la gente. Cada alma tiene una pasión y una habilidad especiales que les han sido otorgadas por el universo.

La cuestión es: ¿qué estás haciendo con los talentos que se te dieron? ¿Estás expresándolos al máximo y cuidando de que den fruto y se multipliquen? ¿O estás escondiéndolos por miedo a exponerte, a ser juzgado o a fracasar? ¿Has permitido que la vacilación o la sensación de no merecimiento eclipsen las bendiciones que están disponibles para ti y para aquellos en los que influyes?

Los resultados que obtienes de cómo gestionas tus talentos son similares a los resultados que obtienes de cómo manejas el dinero. Si inviertes una suma de dinero sabiamente, cosechará un retorno mayor que dicha suma. Un banco te pagará intereses, las propiedades inmobiliarias incrementarán su valor y una compra de acciones inteligente producirá un dividendo. El dinero solo crece cuando se mueve.

Si no mueves tu dinero, su valor disminuirá. Si lo ocultas bajo un colchón, lo entierras en el jardín de atrás o lo dejas en una caja fuerte, perderás parte de él. La inflación hará que valga menos de lo que vale ahora. La naturaleza y el propósito del dinero es circular y estimular la prosperidad de todos aquellos a los que toca.

Asimismo, los talentos crecen cuando los utilizas y se atrofian cuando los niegas. "Úsalo o piérdelo" es aplicable tanto al talento como al dinero o los músculos. El sistema de curación chino se basa en el flujo de *chi* o fuerza de vida. La enfermedad es el resultado del estancamiento o la congestión del *chi*. Un curandero chino te dará acupuntura, masaje o hierbas, o prescribirá ejercicios para conseguir que tu *chi* se mueva. La circulación es la respuesta a la enfermedad física, como también lo es a las enfermedades mentales, emocionales, económicas o relacionales.

Jesús nos apremiaba a hacer que nuestros dones brillaran en la vida. Tú naciste para ofrecer ciertas bendiciones a la humanidad. Cuando las das, experimentas una profunda satisfacción en tu alma y haces del mundo un lugar mejor. Cuando retienes tus talentos, sientes que tu vida está vacía y te preguntas qué estás haciendo aquí. El antídoto de la depresión, el aburrimiento y la confusión es la autoexpresión auténtica.

GOBERNAR SOBRE MUCHAS COSAS

El hombre rico de la parábola premió a sus sirvientes que habían hecho buenas inversiones, prometiéndoles que gobernarían sobre muchas cosas. Como lo habían hecho bien con poco, les iba a dar mucho.

Cuando demuestras integridad en un pequeño sector de la vida, tu influencia se expande de manera natural. No te preocupes si inicias un negocio y no tienes muchos clientes, o si das clase a unos pocos alumnos. Si pones el corazón en tu proyecto, crecerá. La inspiradora película *Hermano sol, hermana luna* nos presenta la vida de san Francisco, quien, después de una epifanía espiritual, se dedicó a restaurar una pequeña iglesia en ruinas. Cada día añadía unas pocas piedras a las paredes rotas. Algunos de sus amigos observaron lo que estaba haciendo y se unieron a él. Cuando el edificio se completó, celebró un modesto servicio eclesiástico, que fue creciendo y creciendo hasta rebosar de gente alegre. A día de hoy, san Francisco es amado, respetado y emulado por millones de personas. Los comienzos pequeños engendran grandes finales.

Aprecia lo que tienes antes de pedir más. Saca el máximo partido a tus recursos actuales antes de intentar expandirte. Muchos negocios fracasan porque intentan crecer demasiado rápido. No han construido los cimientos cuidando al máximo de los clientes que ya tienen. Cuando vienen más clientes, entran en un campo diluido y se sienten decepcionados. Por otra parte, cuando haces las cosas bien en función de las personas que ya están en tu campo de influencia, el universo te envía más. En la naturaleza todo crece de manera natural y orgánica, célula a célula, paso a paso. Asombra a tus actuales clientes o estudiantes con un servicio estelar, y ellos volverán y traerán a sus amigos.

SIRVIENTES DEL GRAN REY

Algunos aspirantes piensan que la mejor manera de crecer espiritualmente es retirarse del mundo. Esto es cierto en algunas fases y periodos. Sin embargo, dominamos de manera más poderosa la espiritualidad en las interacciones con la vida de cada día. Resulta fácil mantener tu paz en una cueva o monasterio. Pero mantener una conciencia admirable en el mercado es un logro mayor. Cuando nos mantenemos conectados con el espíritu en medio de la ciudad, ganamos la doble bendición de la paz interna y el éxito material. Esta es la zona de la maestría.

Todos somos sirvientes del Gran Rey, que nos ha dotado de grandes recursos y poderes. Dios ha invertido todo lo que Él es en nosotros. Se dice: "Lo que somos es el regalo que Dios nos da. Lo que hacemos de nosotros mismos es nuestro regalo a Dios". Independientemente de lo vacío o desconectado de la pasión que te sientas, en ti viven tremendos regalos para la humanidad. Tus talentos pueden reducirse hasta ser solo unas brasas, pero no pueden extinguirse. En cualquier momento puedes aventar las brasas y hacer una hoguera. Es hora de desenterrar tus talentos y dejar que el mundo disfrute de lo que Dios te dio para que tú lo dieras.

26

MAESTRÍA A TRAVÉS DE LA HUMILDAD

—¿Adónde vamos a ir hoy? —le pregunté a mi organizadora japonesa mientras me servía una taza de té matcha en el tren bala que va de Tokio a Nagoya.

—Esta tarde vamos a presentar conjuntamente una conferencia con el señor Wahei Takeda, uno de los hombres más ricos e influyentes del país —replicó—. Se le conoce como el Warren Buffet japonés.

Un poco intimidado, pero sobre todo animado, una hora después llegamos a la casa del señor Takeda, que me llevó a dar una vuelta por el museo privado que había creado para honrar a los dioses y a los líderes renombrados del Japón antiguo. Descubrí que Wahei-san era un alma extraordinariamente bondadosa y humilde, como un niño. Aunque yo era un invitado desconocido para él, me trató con sumo respeto, como si fuera un dignatario.

Después de nuestra conferencia, Wahei-san me llevó a cenar; se sentó en el suelo ante una mesa baja y me contó historias encantadoras. Uno de sus negocios de éxito es una fábrica de galletas.

—Pido a mis empleados que mantengan un espíritu de profunda gratitud —me dijo—. Cuando envuelven cada galleta, dicen un sincero *arigato* —gracias— en estado de oración. Esto impregna cada galleta con una bendición, de modo que el espíritu de quien la recibe, así como su estómago, se siente lleno.

Y añadió:

—Cuando uno de mis empleados tiene un bebé, doy al niño una moneda de oro para que inicie una vida de abundancia.

Aunque Wahei-san (que ya ha fallecido) disfrutaba de una de las reputaciones más nobles de Japón —uno de los países donde más se valora la reputación— seguía siendo muy humilde. Su humildad le otorgó no solo fenomenales éxitos comerciales, sino el mayor éxito de todos: la paz mental.

EL QUE ES MENOS LLEGA A SER MÁS

Cuando se dio cuenta de cómo los invitados elegían los lugares de honor en la mesa, les contó esta parábola: "Cuando alguien te invite a una boda, no tomes el lugar de honor, porque puede haber sido invitada una persona más distinguida que tú. De ser así, el anfitrión vendrá y te dirá: 'Cede tu sitio a esta persona'. Entonces, humillado, tendrás que tomar el lugar menos importante. Al ser invitado, toma el lugar más humilde, de modo que cuando el anfitrión venga, te diga: 'Amigo, pasa a un lugar mejor'. Entonces te sentirás honrado en presencia de todos los demás invitados. Porque aquellos que se ensalcen serán humillados y los que se humillen serán ensalzados".

El Talmud cita una enseñanza similar:

Quien busque reputación la perderá.
Quien no busque reputación la ganará.

En mi sinagoga, mi mentor Stuie se esforzaba por vivir los preceptos del judaísmo. Me señaló un antiguo pasaje: "Cuando hagas una donación a una organización de caridad, da anónimamente". No trates de atraer atención hacia ti mismo ni de inflar tu ego de donante generoso. Durante las fiestas judías, el presidente de aquel templo anunciaba a la congregación los nombres de los que habían dado dinero a la sinagoga, y las cantidades que habían dado. Cada año anunciaba que había una persona que había dado anónimamente. Cuando oí el anuncio, me reí porque todo el mundo sabía que Stuie era el único miembro del templo que seguía este precepto. Yo le respetaba por hacer el esfuerzo de vivir las enseñanzas.

Y cuando reces, no seas como los hipócritas, porque les encanta rezar de pie en las sinagogas y en las esquinas de las calles para ser vistos por los demás. En verdad te digo que ellos ya han recibido toda su recompensa. Cuando reces, ve a tu habitación, cierra la puerta y ora a tu Padre, a quien no puedes ver. Entonces tu Padre, que ve lo que se hace en secreto, te recompensará.

FANFARRONEAR COMO UNA FORMA DE PEDIR AMOR

Las personas que están sedientas de amor encuentran todo tipo de maneras de conseguir atención. Por ejemplo, quienes fanfarronean o acosan se sienten inseguros. Se dedican elogios a sí mismos porque creen que no son suficiente. Al tratar de convencer a otros, están tratando de convencerse a sí mismos. Las personas que saben que son suficiente no necesitan demostrarlo, y no necesitan validación del mundo externo. Descansan seguros en el auténtico autoreconocimiento. Una persona insegura nunca recibirá suficientes elogios del mundo. Mientras acumulan títulos y añaden más y más letras a su nombre,[5] en realidad solo necesitan cuatro letras: DIOS. Quien fanfarronea necesita conocerse a sí mismo. Si sabes que eres pleno, no necesitas personas o bienes del mundo externo para que te completen. Si sabes que eres digno de amor, no necesitas que alguien diga: "Te quiero". Si sabes que has sido creado a imagen y semejanza de un Dios perfecto, no tienes que esforzarte por tener el aspecto de una estrella de cine. He visto fotos de supermodelos sin maquillaje, y parecen muy normales. De modo que si estás sudando para copiar a tu ídolo, estás persiguiendo una ilusión. Descansa en la belleza natural que ya posees y serás asombrosamente atractivo.

5. En el mundo anglosajón existe la costumbre de añadir letras al nombre para representar los logros adquiridos, como las letras "Ph.D." al obtener un doctorado. (N. del t.)

Muchas de mis sesiones de *coaching* llevan a que mi cliente enuncie esta afirmación: "Yo soy suficiente". Cuando sabes que eres suficiente, pasas por alto incontables intentos de probarte a ti mismo y de conseguir que el mundo esté de acuerdo contigo. Te ahorrarás años o vidas enteras de esfuerzo ansioso. Vivo cerca de una pequeña ciudad donde hay atascos de tráfico por las tardes. Puede llevar mucho tiempo atravesar la calle principal, llena de tiendas y restaurantes. Hace algún tiempo, las autoridades construyeron una variante para la gente que quisiera evitar el tráfico. Tomando la variante, en pocos minutos llegas a la otra punta de la ciudad. Si estás ocupado clamando por conseguir todas las cosas que el mundo valora, entre las que se incluyen cumplidos y elogios, te quedarás atascado en el tráfico, donde todos compiten. Si te interesa más vivir feliz y de manera auténtica, pasarás por alto la multitud enloquecida e irás por la vida sin grandes complicaciones.

LA PREGUNTA QUE LO CAMBIA TODO

Cuando escribí mi primer libro, *El dragón ya no vive aquí*, no tenía formación como escritor y no sabía nada de la industria editorial. Simplemente quería expresar las ideas que me inspiraban, y también esperaba elevar a otros. No me importaba si el libro se hacía famoso ni ganar mucho dinero. Sentí que estaba dando a luz algo significativo, y que tenía que darle vida. Incapaz de encontrar un editor, autopubliqué mi libro con dinero prestado.

A través de una asombrosa serie de sincronicidades, el libro se convirtió en un éxito de ventas y recibí por él unos ingresos inesperados. Mi vida entera cambió, poniéndome en el camino que me ha llevado a escribir el libro que ahora tienes entre manos. Aunque estaba agradecido por la respuesta y los ingresos, estos no eran mis objetivos. Mi objetivo era transmitir la verdad curativa al mundo. Un profesor de inglés me dijo: "El libro no es técnicamente perfecto, pero siento tu autenticidad, lo que me ha dado el empuje para vivir de manera más auténtica".

Años después, un editor me pidió que escribiera un testimonio para el libro *Sickened: The True Story of a Lost Childhood*, de Julie

Gregory. La vida infantil de la autora fue un infierno porque su madre proyectó en ella todo tipo de enfermedades falsas. La madre llevaba constantemente a la niña a los médicos y conseguía que le recetaran sin motivo todo tipo de medicamentos y tratamientos. La niña escapó por muy poco de una cirugía a corazón abierto. Su madre demente casi la vuelve loca.

Cuando Julie creció, hizo un curso de psicología en la universidad en el que el profesor describió el síndrome del "desorden ficticio impuesto sobre otro". Con estupor, se dio cuenta de que esa era la historia de su infancia. Nunca había tenido ninguna enfermedad. Su autoimagen de estar enferma con diversas dolencias era una enorme mentira. Esta comprensión hizo que Julie iniciara un camino de autodescubrimiento espiritual.

Mientras yo leía su libro, me pregunté por qué me lo había enviado el editor para que yo le hiciera una crítica. Entonces encontré un pasaje en el que Julie relataba que había encontrado mi libro y se lo llevó a un lugar remoto, donde pudo aislarse, leerlo, e hizo un trabajo interno intensivo que le cambió la vida. Al leer esto, los ojos se me llenaron de lágrimas. La forma en que ese libro se había abierto camino hasta Julie era un milagro, orquestado por una mano que iba mucho más allá de lo que yo podía planear o controlar. La misma fuente que me había dado el libro lo hacía llegar a las personas que se podían beneficiar de él. Sentí una profunda humildad por formar parte de este proceso.

El gran Orquestador también entregará tus dones a las personas que más puedan beneficiarse de ellos. Pero tienes que dar al universo algo con lo que trabajar. Debes convertir tu inspiración y tus ideas en una expresión tangible. Si produces para generar un retorno, tus dones se diluirán. Si produces para bendecir al mundo, tus dones estarán empoderados, y el retorno excederá tus expectativas. No estás siendo egoísta al expresarte. Es el ego el que te impide expresarte. La humildad te asegura que estás siendo guiado.

La cura más eficaz para el miedo escénico es pasar de la pregunta autocentrada: "¿Qué pensará la gente de mí?" a "¿Cómo puede esto ayudar a otros?". Anteriormente, mi guía espiritual, Hilda, fue una bailarina clásica que presentó sus creaciones únicas en muchos teatros famosos. Ella me contó:

—Solía ponerme nerviosa antes de cada actuación. Tenía miedo de caerme en el escenario o de que la gente criticara mis danzas inusuales. Entonces, una noche, antes de la actuación, miré desde un lado del escenario a la audiencia, y me llegó el pensamiento: “Tal vez pueda ensalzar las vidas de estas personas con mi danza. Tal vez pueda aligerar las cargas que soportan”. En ese momento mi miedo desapareció y no volvió nunca. Cuando pasé de "¿Qué puedo conseguir?” a “¿Cómo puedo ayudar?”, entré en el verdadero propósito y en la recompensa profunda de mi carrera como bailarina.

HUMILDAD, NO HUMILLACIÓN

Humildad no significa menospreciarte, considerarte inferior a otros ni pasarte la vida excusándote. Eso es humillación. Trabajo con muchos japoneses que vienen de una cultura que ha refinado la humildad hasta convertirla en un arte elevado y noble. He aprendido lecciones transformadoras de la extraordinaria bondad de los japoneses. Nosotros, en Occidente, podríamos beneficiarnos enormemente de incorporar esa humildad a nuestras vidas.

Pero algunos japoneses llevan esa humildad al extremo, y entran en autoempequeñecerse. Sienten que no merecen relaciones saludables y felices, una carrera profesional apasionada, ingresos abundantes o una vida de alegría, creatividad y autoexpresión. Se les ha enseñado que, de algún modo, su felicidad restará de la felicidad de otros. Buena parte de mi trabajo con clientes japoneses consiste en ayudarles a darse cuenta de que merecen un bienestar radiante, y de que no necesitan sacrificar su alegría para contribuir a la sociedad. Al contrario, su alegría es su contribución a la sociedad. Cuando integran esta gran comprensión, sus vidas cambian de maneras maravillosas.

Verdadera humildad significa que sabes que Dios te creó por una buena razón, y tu Creador quiere que traigas todo tu ser al mundo. Cuando estás vacío de ego, a través de ti se acumulan resultados maravillosos, y la vida te recompensa espiritual y materialmente. No alejes las bendiciones que están disponibles para ti, y para otros a través de ti, por sentirte "menos que". Eso es falsa humildad. La verdadera humildad acepta la grandeza de Dios como un atributo tuyo. Entonces te dedicas a elevar al mundo en un proceso de cocreación entre el Poder Superior y tú.

Jesucristo fue una de las almas más poderosas que ha caminado sobre la Tierra, y una de las más humildes. Permitió que Dios usara su mente, su personalidad y su cuerpo para liberar a otros del dolor y guiarles hacia el bienestar. Lavó los pies de sus discípulos, demostrando que nadie es tan importante como para no cuidar de los demás y honrar a Dios en ellos. Jesús dijo:

—Los últimos serán los primeros, y los primeros, los últimos.

Los que parecen ser menos según la jerarquía de valores del mundo son los que más brillarán, y los que están en lo alto de la escala de poder quedarán empantanados. *Un curso de milagros* nos dice: "Sé humilde ante Dios, pero grande en Él".

Jesús nació en una cueva retirada, y después de su crucifixión, su cuerpo también fue puesto en una cueva. Entró en el mundo en un espacio humilde, y alcanzó la resurrección en otro lugar apartado del mundo. Resulta difícil oír la voz de Dios si estás distraído por las baratijas y trofeos que el mundo exhibe ante ti. En algún punto valoramos más la paz interna que construir imperios. Todos los imperios mundanos no son sino polvo ante el reino del amor.

Cuando Juan Bautista se encontró con Jesús, dijo:

—Debo decrecer para que él pueda crecer.

El ego se evapora en presencia del amor. La luz del Espíritu es tan brillante que quieres que llene todo tu mundo. Entregas alegremente la necesidad de controlar, y las dudas quedan reemplazadas por confianza y gratitud. Todo vacío se llena y estás firmemente sostenido en los brazos de Dios.

27

UN LUGAR DONDE REPOSAR LA CABEZA

Cuando pregunto a los asistentes a mis seminarios: "¿Quién de entre vosotros siente que no encaja en el mundo?", la mayoría levantan la mano. Entonces les digo: "Estáis en buena compañía. Jesús tampoco encajaba". Él también se sintió como un extraño en tierra extraña.

> Los zorros tienen sus guaridas y los pájaros del aire tienen sus nidos, pero el hijo del hombre no tiene donde reposar la cabeza.

Si tú también sientes que no puedes encontrar descanso en ningún lugar del mundo, eso es porque el mundo no es tu hogar. Como ser espiritual, no encontrarás paz en el plano material. Tres o cuatro dimensiones son demasiado poco para contener un alma eterna. Tu verdadero hogar está en el cielo. Nada más te aportará la felicidad que ansías y mereces.

Si has ido de relación en relación, de trabajo en trabajo, de maestro en maestro, de casa en casa, podría preocuparte que algo estuviera mal en ti. Pero, en realidad, hay algo que está bien en ti. No encontrarás satisfacción en el mundo de los opuestos. Solo la encontrarás en tu profunda plenitud permanente.

Los budistas están llamados a tomar refugio en Buda. Asimismo, podemos tomar refugio en Cristo. Un refugiado es alguien que huye de su país por la guerra, las alteraciones políticas, la injusticia social, las hambrunas o la enfermedad. Reconoce que hay un lugar más seguro para que él y su familia se desarrollen. Abandona un lugar de inestabilidad y emigra a un lugar de estabilidad. Tomar refugio en Cristo o en Buda significa renunciar al intento de encontrar seguridad en un país en guerra, y encontrar comodidad donde la paz es tu derecho de nacimiento y no puede ser eliminada por la gente ni por las circunstancias.

LA VIDA MÁS ALLÁ DE LA MEDICACIÓN

También pregunto a mis audiencias: "¿Cómo medicáis vuestro dolor?". Me estoy refiriendo no solo al dolor físico, sino al miedo, a la inquietud y al estrés. Los participantes dan algunas respuestas reveladoras: "beber, fumar cigarrillos o marihuana, tomar antidepresivos y analgésicos, navegar por la red, enviar mensajes de texto y las redes sociales, ver televisión, sexo impersonal, trabajar en exceso, comprar compulsivamente, charlas y chanzas inconscientes, controlar mi entorno neuróticamente, discutir de política, ejercicio físico obsesivo, fanatismo deportivo, etc." Si bien no hay nada malo en la mayoría de estas actividades en su forma pura y esencial, muchas personas las usan para evitar lidiar con su ansiedad. Se están insensibilizando en lugar de sanarse.

Es correcto y natural hacer lo que puedas por salir del dolor. Cómo te liberes a ti mismo determina si te sentirás libre o seguirás atado. Algunas personas se resignan a la dificultad y esperan a la muerte para liberarse; creen que el sufrimiento es su billete de entrada al paraíso. Otros trazan rutas a través de los métodos antes mencionados. Estas "medicaciones" proveen un respiro temporal. Pero a la mañana siguiente, cuando despiertas con resaca, o tu amante se va, o te llegan las facturas después de una sesión de compra compulsiva, vuelves al punto de partida y te sientes peor que antes. Tu intento de escapar solo ha sido una tirita. Alivió brevemente el síntoma, pero no penetró hasta la fuente de tu tensión. Arrancaste la hoja del tallo sin arrancar la raíz.

Para escapar verdaderamente del dolor debemos ir más allá del enmascaramiento de los síntomas y tomar refugio en una verdad superior. Dejar que Jesús u otro maestro espiritual te sane significa unirte a él en el estado mental que él o ella ha alcanzado. Piensa en la paz interna como en una habitación en tu mente. Esta habitación está abierta a cualquiera que desee entrar en cualquier momento. Jesús encontró su camino de entrada a esta habitación y te hace señales para que te unas a él. "Y si voy y preparo un lugar para ti, volveré y te daré la bienvenida a mi presencia, de modo que tú también estés donde yo estoy".

DESCANSO PARA EL ALMA

Muchos de nosotros estamos tan acostumbrados a una vida dura que cuando se vuelve fácil, o al menos más fácil, sospechamos. "Debe haber algún diablo esperando entre bastidores". "Esto es demasiado bueno para ser verdad". "No sé quién sería si no luchara". Sin embargo, Cristo quiere que nuestras vidas estén libres de dolor. Él entiende el sufrimiento que la mayoría de la gente vive, y te ofrece un camino de salida:

> Venid a mí todos los que estáis cansados y cargados, y yo os daré descanso. Tomad mi yugo y aprended de mí, que soy manso y humilde de corazón, y encontraréis descanso para vuestra alma.

La glorificación del sufrimiento es la distorsión más trágica de las enseñanzas de Cristo. He tratado a incontables personas que eran incapaces de relajarse o de disfrutar de sus vidas porque creían, que si no estaban llevando alguna cruz, no estaban cumpliendo con el requisito de sufrir impuesto por Dios. Si Jesús retornara hoy y dijera lo que piensa, su primera proclamación sería superar la necesidad de sangrar.

Dios no quiere que sufras, tal como tú no quieres que tus hijos sufran. "Si el hijo de un hombre le pidiera un pedazo de pan, ¿le daría una piedra? Y si le pidiera un pez, ¿le daría una serpiente?".

Jesús presentó muchas enseñanzas que nos llaman a ser bondadosos con nosotros mismos y a cuidar bien de nuestro cuerpo y alma. Sin embargo, estas parábolas han quedado enterradas bajo malas interpretaciones retorcidas y pesados edictos. Tomemos ahora la brillante espada de san Miguel y cortemos las enseñanzas que nos llevan al dolor en lugar de a la paz.

DEJA QUE DIOS TIRE DEL ARADO

Un yugo es la pieza de madera a la que se sujetan las cabezas de dos animales unidos para tirar de un arado. "Toma mi yugo sobre ti" significa: "Júntate conmigo. Yo tiraré con fuerza y tu parte será fácil". "Aprende de mí" significa: "Úsame como modelo para permitir que el Espíritu obre a través de ti. Cuando dejes de intentar hacerlo todo por ti mismo y dejes que Dios tire del arado, tu alma descansará".

A menudo cito el siguiente pasaje de *Un curso de milagros* porque es imposible exagerar su visión transformadora.

> Una vez que has aprendido a decidir con Dios, tomar decisiones se vuelve algo tan fácil y natural como respirar. No requiere ningún esfuerzo, y se te conducirá tan tiernamente como si te estuvieran llevando en brazos por un plácido sendero en un día de verano.

Esta amable imagen sin duda suena mucho más atractiva que cargar con la vieja y rugosa cruz, ¿no estás de acuerdo? Eres libre de defender el valor del sufrimiento si lo deseas, pero heredarás los resultados de tus argumentos. Como dijo Richard Bach en su brillante libro *Ilusiones*: "Argumenta a favor de tus limitaciones y no cabe duda de que serán tuyas". Por otra parte, defiende la facilidad y disfrutarás de bendiciones en las que el autocastigo nunca incurrirá.

Toda crucifixión es autocrucifixión. Puede parecer que las otras personas o las fuerzas externas te están produciendo dolor, pero tú participas en lo que te altera. Si retiras cualquier valor que adscribas al sufrimiento, te liberarás de él. Podemos simplificar la metáfora del yugo de Jesús: "La vida puede ser más fácil si simplemente me dejas que te ayude".

ENCONTRAR EL PUNTO DULCE

Todos estamos familiarizados con la llamada de Jesús que dice: "Mirad los lirios del campo, no tejen ni hilan sus vestimentas. Pero yo os digo que Salomón en toda su gloria no se vestía como uno de ellos". ¿Pero cuántos de nosotros tomamos esta metáfora literalmente y ponemos su visión en acción negándonos a preocuparnos?

Jesús no está pidiendo que abandonemos nuestros trabajos y nos tumbemos a la bartola en el campo de lirios; aunque algo de esto podría hacernos mucho bien a todos. Nos está dirigiendo específicamente a abandonar la actitud de lucha. La lucha parece ser una conducta, pero en realidad es una mentalidad. A dos personas se les puede asignar la misma tarea, y una de ellas tiene que sudar para cumplirla, mientras que la otra la realiza bailando. La mujer que organiza mis talleres en Japón hizo una divertida falta de ortografía al escribir una palabra en un email. "Encontremos el 'punto de sudor' en cuanto a cómo presentar este programa", escribió. Yo me reí y le dije que la escritura correcta era "punto dulce". Sugerí que podríamos titular el seminario: "Del punto de sudor al punto dulce".[6]

La imagen de los lirios de Jesús nos trae otro regalo más: no puedes mejorar la creación de Dios. Cuando paseo por un bosque, me siento junto a un arroyo o estudio una pieza de madera traída por las olas a la playa, me maravillo de la perfección que tengo ante mí. Cada árbol del bosque, cada piedra del arroyo, cada pequeña curva de la pieza de madera arrastrada por las olas es una obra de arte magistral del Creador. Incluso las hojas muertas del bosque, o los nudos de la pieza de madera son elementos de su

6. El error ortográfico fue sustituir *sweet* (dulce) por *sweat* (sudor). (N. del t.)

majestad. Entonces considero los edificios que hemos construido, los aviones en los que volamos y las medicinas que tomamos. Si bien todos estos productos manufacturados tienen su lugar y propósito, no tocan la serena majestad del bosque de abetos, la grandeza del vuelo del águila, o el poder restaurador de las hierbas sin efectos secundarios. Cuanto más tratamos de mejorar la naturaleza, más nos distanciamos de ella. Cristo nos implora que reconozcamos el esplendor que se nos ha dado en lugar de intentar invalidarlo. Entonces caminaremos al lado de Cristo, en un mundo adornado por lirios fragantes en lugar de lirios de tela.

EL FINAL DE GANARSE LA VIDA

Mi amigo Kyle es entrenador de perros y a menudo se siente estresado por la falta de ingresos. Un día, mientras le visitaba, llevé algunas golosinas para los perros que tiene en casa. Al meter la mano en el bolsillo para sacar una galleta, un precioso perrito se sentó ante mí, esperando ansiosamente. Kyle me interrumpió:

—Por favor, espera. El perro tiene que ganársela.

Si bien comprendo la importancia del entrenamiento, la petición de mi amigo me dio una clave de por qué estaba tan agotado. Cree que no merece ninguna golosina si no trabaja para ganársela. ¡Qué forma de pensar tan dura! Ya es hora de que revisemos nuestra creencia de que debemos ganarnos la vida. En una cultura impulsada por la ética del trabajo, sugerir que mereces que el universo cuide de ti parece una herejía. Sin embargo, Jesús fue la figura más herética de la historia. Todo su ministerio consistió en enmendar reglas opresivas, rituales sin sentido, obligaciones infundadas, la creencia en el pecado y la necesidad de castigo. El mesías místico fue, por encima de todo, un libertador.

Jesús quiere que midamos nuestra valía no por lo que hacemos, sino por lo que somos. Si te evalúas a ti mismo en función de lo bien que rindes, siempre hay un nivel más alto que debes alcanzar. Aunque el trabajo honesto y el esfuerzo por mejorar son valiosos, el ego ha dado un giro al proceso convirtiéndolo en una lucha interminable por completar todos los puntos de nuestra lista de cosas pendientes. Las personas que solo se evalúan a sí mismas en función de su rendimiento, a veces se sienten satisfechas, pero a menudo frustradas. Si bien el desarrollo de la capacidad de rendir es un componente del éxito en el mundo, las reglas del reino celestial son totalmente distintas. De hecho, son exactamente lo opuesto. Mientras que el mundo evalúa nuestro hacer, el cielo nos premia por ser. Mientras el mundo está motivado por rellenar las brechas, el cielo reconoce la plenitud. Mientras el mundo requiere que hagamos piruetas para ganarnos las golosinas, el cielo afirma que mereces todas las golosinas que quieras porque eres un hijo de Dios, y todo el reino te pertenece.

Solo puedes soportar cierta cantidad de lucha antes de decir: "No puedo creer que haya nacido para vivir así". En el momento en que tienes esta compresión sorprendente, comienza la curación. El Hijo del Hombre —tu verdadero ser— *tiene* un lugar donde reposar la cabeza. Pero no es el que el mundo te ha mostrado. Es el que tu alma recuerda. Tu incomodidad con la vida en la Tierra no es una situación irresoluble. Es una llamada a mirar más profundo. Estás siendo guiado a intercambiar misterio por maestría; victimismo por victoria; empujar por permitir; hacer por ser. Deja de intentar realizar el trabajo de Dios: ese puesto ya está ocupado. "Cuando tú trabajas, Dios descansa. Cuando descansas, Dios trabaja".

Cuando dejamos de intentar encajar en el mundo, adquirimos el poder de dominar el mundo. Tendrás menos compañías, pero compañías que merecerá la pena conservar. Es mejor volar con unas pocas águilas que con muchos cuervos. Tu lugar en el cosmos no requiere el acuerdo de las masas. Solo necesitas la aprobación de tu propio corazón. Guiado por el Espíritu, todavía puedes realizar tus actividades diarias, pero tu paso es más ligero, tu respiración más profunda. Tú *tienes* un lugar en la vida que el universo ha cortado a tu medida. Ese espacio sagrado ofrece a tu alma la comodidad que no has encontrado buscando en otros lugares. El momento de la gran vuelta a casa está al alcance de la mano.

28

QUIÉN ACABA EN EL BANQUETE

En una ocasión, estando en el aeropuerto O'Hare de Chicago, hubo una tormenta y mi vuelo se retrasó. De modo que me dirigí a la concurrida sala para viajeros frecuentes con el fin de pasar unas horas allí. Al tomar asiento, oí a una mujer que mantenía una sonora conversación a través de su móvil. Era una ejecutiva estresada que ladraba rudas órdenes a sus subordinados. No parecía muy feliz.

Entonces llegó la señora de la limpieza recogiendo vasos y basura de las mesas. Esta mujer irradiaba una sonrisa encantadora, e iba preguntando si había algún modo en que pudiera ayudar a los viajeros descontentos. Se movía con la gracia de un ángel iluminando silenciosamente por la sala, ofreciendo una palabra amable a las personas junto a las que pasaba. Me maravilló el contraste entre la poderosa y desdichada ejecutiva y la radiante y mal pagada señora de la limpieza.

Una de las ilusiones más prevalecientes es que las personas importantes en el mundo disfrutan de una existencia más celestial que la gente de a pie. Jesús invirtió este mito en la siguiente parábola:

> Un hombre rico planeó un banquete espléndido e invitó a mucha gente. Cuando la fiesta estaba preparada, envió a su sir-

viente a decir a los invitados: "Venid, todo está preparado". Pero todos ellos pusieron excusas: "He comprado una parcela de tierra y tengo que ir a verla". "Acabo de comprar cinco yuntas de bueyes y voy a revisarlas". "Me he casado hace poco, de modo que no puedo asistir".
El sirviente retornó e informó de que los invitados habían rechazado las invitaciones. El señor se enfadó y dijo a su sirviente: "Ahora sal a las calles y pasajes de la ciudad y trae a los pobres, a los tullidos, a los ciegos y a los cojos".
Cuando el sirviente hubo cumplido la orden, dijo: "He hecho lo que me ordenaste y todavía queda sitio".
Entonces el amo dijo al sirviente: "Sal a los caminos y paseos, y anima a las personas a que vengan, de modo que mi casa pueda llenarse. Porque te digo que ninguno de los que fueron invitados saborearán mi cena".

En las parábolas de Jesús, el maestro o la persona poderosa representa a Dios, y el banquete simboliza el reino de los cielos. En esta historia, Dios ofrece el reino de los cielos a todos, pero las personas importantes estaban demasiado ocupadas en sus asuntos para sentarse a festejar. No ha cambiado gran cosa desde que Jesús dibujó este escenario. Actualmente las personas están más ocupadas que nunca. Si Jesús estuviera aquí ahora, podría decir: "¿Por favor, podrías dejar tu teléfono el tiempo suficiente como para responder a mi llamada?".

El elemento conmovedor de esta parábola es que había una parte de la población que aceptó la invitación del maestro: los pobres, los tullidos, los ciegos y los cojos. Estas personas estaban disponibles por dos razones: en primer lugar, no tenían nada mejor que hacer, puesto que no estaban ocupados gestionando sus imperios. Y lo que es más importante, los problemas que habían tenido les habían hecho humildes y receptivos a la ayuda de una fuente superior. Después de soportar los momentos duros, estaban muy motivados para recibir un reino situado más allá del que los había marginalizado.

Puedes identificarte con la gente muy ocupada o con los necesitados, pero todos tenemos elementos de ambos en nuestra psique. Incluso si no eres rico ni célebre, una parte de ti está vinculada a los dramas del mundo que te distraen de la paz. Y aunque no seas pobre, tullido, ciego ni cojo, alguna parte de ti te duele y anhela ser liberada del dolor. Es más probable que se siente al banquete esa parte de ti que la parte que está preocupada.

Después de que Jesús contara la parábola, enunció su famosa declaración: "Muchos son los llamados y pocos los elegidos". También podríamos decir: "Muchos —en realidad todos— son llamados, pero pocos eligen escuchar la llamada". Dios no elige a unos pocos seleccionados y deja de lado al resto. Nosotros nos seleccionamos o nos rechazamos a nosotros mismos en función de nuestra conciencia. Si estás abierto a recibir bendiciones, estas llegan y te elevan. Si no estás abierto, o si estás distraído, te las pierdes. Dios no tiene favoritos. Nosotros nos favorecemos a nosotros mismos o no.

LA ELECCIÓN QUE ESTÁ DETRÁS DE TODAS LAS DEMÁS

Vi un cartel sobre el escritorio de un ejecutivo: "Cualquiera que esté demasiado ocupado para rezar, está demasiado ocupado". Asimismo podríamos decir que cualquiera que esté demasiado ocupado para dar un paso atrás y disfrutar de un momento de paz está demasiado ocupado. Puedes rezar, meditar, escribir en tu diario, practicar yoga o tai chi, pintar, bailar, tocar música o caminar por el bosque. Cualquier actividad que te conecte con tu Fuente espiritual es una oración. Hay muchas maneras de recibir la presencia del amor. Cualquiera que sea la forma que tome tu tiempo de conexión, te ayuda a sostenerte a lo largo del día para no perderte en las actividades mundanas. A mí me resulta extremadamente útil comenzar el día con una meditación y despejar mi mente antes de ir a dormir. Breves momentos de conexión a lo largo del día también te mantienen sentado en el banquete.

La clave para aceptar la Gran Invitación es reconocer que el banquete que ofrece el cielo es mucho más satisfactorio que cualquier cosa que ofrezca el mundo. El ego interpreta el tiempo dedicado a la oración o la meditación como un sacrificio. "Acabemos con esto para que pueda volver a mi trabajo o a mis deberes". Pero no hay sacrificio en sanar ni en reclamar el reino del amor. Estás renunciando a poco a cambio de mucho.

Si los invitados de la parábola se dieran cuenta del regalo que se les estaba ofreciendo, se habrían alegrado de abandonar sus actividades mundanas para acudir presurosos a sentarse en la fiesta del cielo. ¿Qué podría ser más atractivo o gratificante que la profunda paz interna y la felicidad total? Esta es la elección que tenemos cada día ante nosotros.

CERRAR LA BRECHA

Otra manera de perderse el banquete es establecer prerrequisitos para la felicidad. Creemos que la paz interna estará disponible en el futuro, pero no ahora. Si esperas a perder cinco kilos, a conseguir un título o a remodelar tu casa, la satisfacción siempre estará a la vuelta de la siguiente esquina. La mayoría de nosotros vivimos en una brecha nebulosa entre donde estamos y donde queremos estar.

Pero esa brecha no existe. Si parece haber una, se debe a que te has inventado el cuento de que te falta algo. Pero no te falta nada. La frase clave de la parábola es: "Venid, porque todo está preparado". No dentro de diez minutos, de diez meses ni de diez años. *Ahora*. Si puedes reivindicar tu bienestar ahora, también estará disponible cuando "entonces" se convierta en "ahora". Si te pierdes la alegría ahora, el siguiente "entonces" no será distinto de tu experiencia actual.

Conozco a una mujer que un fin de semana participó en un programa intensivo de crecimiento personal. Durante el seminario, Donna, que así se llama, confrontó sus miedos y descubrió dentro de ella la belleza, el poder y la valía.

—Cuando salí del programa, tenía los ojos abiertos, y el mundo entero estaba lleno de majestad y deleite —explicó—. Nada externo a mí había cambiado. Simplemente mi visión se había clarificado. Lo que antes parecía un infierno, de repente se convirtió en el cielo.

Esta es la transformación de conciencia que Jesús vino a ofrecer a la humanidad. Él habló constantemente del reino de los cielos porque quería llevarnos allí con él. Las religiones han puesto demasiado énfasis en evitar el infierno, y muy poco en reclamar el cielo. Jesús quería mantener nuestras mentes enfocadas en la mayor recompensa posible. No escapas del infierno exagerándolo ni huyendo temerosamente de él. El miedo *es* el infierno, de modo que si temes al infierno, ya estás en él. Escapas del infierno aceptando el cielo en su lugar.

Aunque una parte de tu mente esté distraída, otra parte —la más real— está establecida en la totalidad. Jesús dijo: "Ellos tampoco dirán '¡Mira aquí!' o '¡Mira allí!' porque el reino de Dios está dentro de ti". El viaje espiritual no consiste en desplazarse a alguna parte. Consiste en reconocer que ya eres aquello que estás buscando. Dios nos lo ha dado todo, pero nosotros solo experimentamos lo que estamos dispuestos a recibir.

Los hombres de negocios hacen ofertas con plazos de vencimiento. Por ejemplo, si estás comprando una casa, presentas una oferta que es válida hasta cierto día y hora. Hay una ventana de oportunidad para que el vendedor acepte tu oferta. La ventana de oportunidad para aceptar el reino del cielo siempre está abierta. Por más veces que hayas rechazado la invitación, o que hayas estado distraído en otra parte, el Dios de misericordia y gracia está encantado de darte la bienvenida. El banquete está preparado. ¿Nos sentaremos a cenar?

29

RESISTIRSE ES FÚTIL

En la serie de televisión *Viaje a las estrellas*, la tripulación de la nave espacial *Enterprise* siempre está luchando contra los *borg,* una nefasta raza de parásitos bioquímicos decididos a tragar y destruir a todos los seres con los que se encuentren. Los *borg* dicen continuamente a la tripulación del *Enterprise*: "La resistencia es fútil".

En otro escenario, a muchas galaxias y muchos siglos de distancia, Jesús dijo a sus seguidores: "No os resistáis al mal, sino superad el mal con el bien". Qué interesante que el mal le diga al bien que la resistencia es fútil, ¡y que el bien le diga lo mismo al mal! Sin embargo, "el diablo cita las escrituras" y el ego retuerce la verdad para sus propósitos.

Al aconsejarnos que no nos resistamos al mal, Jesús nos enseñó una lección avanzada de metafísica que ya hemos mencionado antes, y ahora exploraremos detenidamente: empoderamos a aquello contra lo que luchamos. Aquello a lo que damos atención crece en nuestra experiencia. La clave para liberarse del mal es dejar de alimentarlo enfocándonos en él, especialmente con emociones fuertes. Cuando infundes a tus pensamientos emociones intensas, les das energía. Cuando te sientes molesto, enfadado o enfurecido por cualquier persona, organización o acto, le das un poder inmenso. Entonces atraes más de esa experiencia. El personaje bíblico Job dijo: "Lo que temía ha venido sobre mí". No porque Dios nos envíe sufrimiento, sino porque manifestamos lo que nosotros mismos pensamos y sentimos.

Jesús nos enseñó el principio de no resistencia de muchas maneras:

> Si un hombre te abofetea en una mejilla, ofrécele también la otra.
>
> Si un hombre de autoridad te pide que camines con él una milla, camina dos.
>
> Si alguien toma tu abrigo, dale también la capa.
>
> Da a todos los que te pidan, y si alguien toma lo que es tuyo, no lo reclames.
>
> Llega a un acuerdo rápidamente con tu adversario.
>
> Reza por los que te persiguen.

Un curso de milagros reitera la misma enseñanza en lenguaje moderno:

> Reconoce lo que no importa, y si tus hermanos te piden algo "descabellado", hazlo precisamente porque no importa.

Cuando luchas por dinero, por un objeto material, por un activo inmobiliario o por una herencia, por quién lava los platos, por quién controla el mando de la tele, por de qué color pintar el salón, o por si el papel higiénico debería rodar desde la pared hacia fuera o en el otro sentido, estás atribuyendo una importancia indebida a algo que no la tiene. El mundo es una pantalla en blanco sobre la que proyectamos nuestras creencias. Las cosas solo tienen el significado que nosotros les damos con nuestra mente. Cuando discutes por algo, le das poder sobre tu felicidad. Podrías criticar a alguien por quedarse atascado en un resultado particular, pero si tu exiges el resultado contrario, también estás atascado. Ambos estáis dando vueltas en la misma rueda kármica de significados atribuidos. Estos conflictos solo acaban cuando una persona retira su insistencia de que las cosas salgan a su manera. *Un curso de milagros* pregunta: "¿Prefieres tener razón o ser feliz?". Es posible que ganes una batalla, pero solo es cuestión de tiempo hasta que una nueva escaramuza eclipse tu paz. La vida no consiste en ganar guerras. Consiste en terminarlas.

Los acalorados defensores de la religión no se dan cuenta de que, cuando luchan contra el mal, están haciendo más mal. El objetivo es noble, pero el método es erróneo. Las religiones orientales como el budismo, el taoísmo y el sintoísmo también tratan de crear bienestar sobre la Tierra, pero no luchan contra el mundo. Más bien, se elevan sobre él. La mente basada en el miedo busca —como los *borg*— atacar y destruir todas las cosas por las que se siente amenazada. De modo que convocamos guerras contra la pobreza, las drogas, los conductores ebrios, el embarazo adolescente y una interminable lista de enfermedades, con muy pocos resultados positivos. El secreto para acabar con estos problemas no es luchar contra la conducta no deseada, sino elevarse a una perspectiva superior. Acabamos con la pobreza ofreciendo modelos de prosperidad. Mejoramos los embarazos adolescentes inspirando en los adolescentes los valores relacionales y edificando su autoestima. Superamos la enfermedad reconociendo que opera a una frecuencia determinada, mientras que la salud opera a otra; cuando elevamos nuestra vibración, la enfermedad no puede tocarnos. Todas estas herramientas transformadoras no incluyen ningún tipo de guerra. Todas se basan en retirar la atención del objeto de resistencia y en enfocarse en la experiencia deseada.

Los métodos que acabo de sugerir son interpersonales. Sin embargo, la llave más profunda para transformar el mundo externo es sanar nuestra propia mente. Si te molesta la pobreza, debes borrar de tu mentalidad la creencia en la carencia. Antes de intentar limpiar las carreteras de conductores borrachos, considera si tienes algún pensamiento fuera de control que te pone en peligro o que pone en peligro a quienes están en tu área de influencia. Si quieres erradicar la enfermedad global, pregúntate: "¿Estoy cultivando un estilo de vida que causa enfermedad?". El crecimiento interno rebosa orgánicamente para bendecir a todos aquellos que tocas. Cuando acabas con los problemas en tu propia psique, estás en la posición perfecta para convertirte en un agente eficaz del cambio mundial.

POR QUÉ QUEJARSE NO FUNCIONA

Cualquier tipo de queja nos aleja de la paz. Quejarse es un vórtice negativo que hunde a quien se queja como las arenas movedizas. La queja te fija en lo que no funciona a expensas de lo que funciona o podría funcionar. Por supuesto que es valioso identificar una situación que tiene que ser mejorada y emprender acciones para mejorarla. La clave está en mantener la visión del proyecto completado mientras estás creándolo. Oí a un cura cristiano confesar: "Soy un hipócrita. Digo que creo en Jesucristo y en sus enseñanzas de nuestra perfección innata, y después me quejo de mis dolores". Como seres divinos, nacimos para vivir plenamente bendecidos. Todo lo demás es un engaño, una distracción, una concesión. Cuando nos quejamos, negamos el reino y nos apartamos momentáneamente de él.

Tal como hemos decidido alejarnos del cielo, podemos elegir volver a entrar en él. Las puertas de la gracia siempre se mantienen abiertas. Nunca estás a más de un pensamiento de distancia de la paz. Muchas personas han experimentado curaciones físicas, emocionales o espirituales milagrosas en un instante. El apóstol Pablo dijo: "El cambio puede venir de repente, en un abrir y cerrar de ojos".

Creer que la paz nos espera al final de un largo y difícil trayecto es una forma sutil de resistencia. Al esperar tu bien, te pierdes el bien que tienes ante ti ahora mismo. Puedes establecer tu vida de modo que alcances la curación después de mucha lucha y esfuerzo, pero eso es una profecía autocumplida. También puedes alcanzar la curación en el momento en que estés abierto y dispuesto a recibirla. Contempla la oportunidad que nuestra amorosa Fuente nos ha otorgado.

OFRECER LA OTRA MEJILLA

"Ofrécele también la otra mejilla" no significa que debamos permitir que la gente siga haciéndonos daño. Si estás en una relación, en un trabajo o en una situación de vida abusivos, debes liberarte, bien mejorando la situación o yéndote. No tiene ningún valor espiritual soportar el dolor; el martirio es un viejo modelo que ya hemos superado. Tu felicidad es tu regalo al universo. Cuando te retiras de una situación tóxica, ayudas a la persona que está maltratándote, así como a ti mismo. Las personas que se involucran en comportamientos abusivos se crean un agujero más profundo, creando más karma negativo que tendrán que deshacer. Cuando abandonas una situación tóxica, apoyas que la otra persona se libere de un patrón insalubre. Tu partida puede ser una llamada a despertar para ella, si está dispuesta a recibirla. Estás afirmando: "Merezco algo mejor y tú también".

Ofrecer la otra mejilla significa mirar en otra dirección para ver con más claridad desde otra perspectiva. La nueva dirección podría ser: "Puedo disfrutar de una relación sana y feliz", o "ahora sé lo que no quiero, de modo que puedo reivindicar lo que sí quiero", o "esta es mi oportunidad de romper un patrón arraigado y de convertirme en maestro más que en víctima". O, simplemente, "Podría ver paz en lugar de esto". Cuando usamos una situación dolorosa para pensar con menos miedo y más amor, la experiencia nos sirve bien. Entonces integramos una lección importante y seguimos adelante empoderados.

CRECER MÁS ALLÁ DEL MAL

Podemos reencuadrar los actos y las situaciones que parecen malas viéndolas a través de la lente de la compasión. Por ejemplo, Mateo 7:11 ha sido traducido en casi todas las versiones de la Biblia como: "Si tú, entonces, siendo malo, sabes dar buenas cosas a tus hijos, ¡cuánto más tu Padre celestial dará buenas cosas a quienes se las pidan!". Sin embargo, el Nuevo Testamento de Waymouth lo traduce así: "Entonces si tú, *siendo imperfecto,* sabes dar cosas buenas a tus hijos, ¡cuánto más tu Padre celestial dará cosas buenas a quienes se las pidan!".

Personalmente, preferiría ser imperfecto que malo, e imagino que tú también —todos somos intrínsecamente perfectos, pero el salto del mal a la perfección puede ser más de lo que algunos de nosotros podemos gestionar. Pero ir de malo a imperfecto parece factible—. Aquí podemos ver cuánto juicio y culpa impregnan muchas traducciones de la Biblia. Ese libro dorado debería darnos más libertad, no mayor opresión. Si supieras que todo lo que vas a recibir de Dios es amor, compasión, bondad, perdón y gracia, ¿no tendrías ganas de caer en brazos de tu divino padre? Este es el Dios que Jesucristo vino a introducir al mundo. Cuando conoces a *este* Dios, tomas refugio en Él, y la misión de Cristo se completa junto con la tuya.

EL DESTINO DEL PENSAMIENTO VISIONARIO

Resulta que los *borg* tenían razón: la resistencia es fútil. Luchar contra cualquier cosa es una campaña que nos derrota porque ya somos más grandes que el objeto contra el que batallamos. Sin embargo, los *borg* eran esencialmente impotentes porque su venganza basada en el miedo no estaba fundada en la verdad. Lo que no es amor acaba cancelándose por sí mismo. Cuando luchas contra algo, te rebajas a su frecuencia en lugar de mantener otra frecuencia más alta. Es mejor tomar postura a favor de aquello en lo que crees sin dar energía a lo que detestas.

Agentes monumentales del cambio social como Lincoln, Gandhi y King tuvieron éxito porque mantuvieron sus ojos en el objetivo, en lugar de en los obstáculos. No consideraron malvados a sus oponentes; simplemente defendieron la libertad con la que querían reemplazar la opresión —Abraham Lincoln dijo: "No me gusta ese hombre. Debo llegar a conocerlo"—. Puedes recorrer el mismo camino elevado soltando la necesidad de batallar y sabiendo que mereces cumplir los deseos de tu corazón. Cuando Jesús dijo: "Pedid y se os dará", la petición a la que se refería no se hace con palabras. Consiste en establecer tu conciencia allí donde deseas llegar, no en aquello de lo que te estás alejando. Los pensamientos visionarios siempre aterrizan en el destino elegido. El universo no querría que fuera de otra manera.

30

EL DIOS QUE ES SOLO AMOR

Mientras Jesús participaba en una cena en su honor, una mujer de mala reputación entró a trompicones en la reunión. Se arrodilló frente al maestro y se echó a llorar: sus lágrimas caían en los pies de Jesús. Ella las limpió con su cabello, y a continuación sacó un frasco de perfume caro y ungió los pies de Jesús.

Los religiosos que vieron la escena, furiosos de que tal mujer hubiera entrado en su reunión y de que tocara a Jesús como lo había hecho, pidieron que fuera expulsada. El maestro les dijo: "No la detengáis". Levantó el mentón de la mujer, la miró a los ojos y le dijo:

—Tus pecados —y sé que son numerosos— están perdonados. Tu fe te ha salvado.

Los fariseos echaban humo.

—No puedes perdonar a esta mujer —dijeron—. Solo Dios puede perdonar pecados.

Jesús respondió contándoles esta parábola:

> Cierto prestamista tenía dos deudores. Uno debía quinientos denarios y el otro cincuenta. Cuando no pudieron pagar, el prestamista perdonó a ambos. Por lo tanto, ¿quién de ellos le amará más?

El discípulo Simón, sentado al lado de Jesús, respondió:

—Aquel a quien perdonó más.

Jesús respondió:

—Estás en lo cierto... Aquel al que se le perdona menos ama menos.

Asimismo, quien es perdonado a lo grande es quien más ama. Cuando los fariseos criticaron a Jesús por pasar tanto tiempo con pecadores, él respondió:

> ¿Quién de vosotros, si tuviera cien ovejas y perdiera una de ellas, no dejaría las noventa y nueve e iría detrás de la que se había perdido hasta encontrarla? Y una vez que la hubiera encontrado, la llevaría a hombros, regocijándose. Al llegar a casa, reuniría a sus amigos, familiares y vecinos para decirles: "Celebrad conmigo, ¡pues he encontrado a la oveja perdida!". Asimismo, habrá más alegría en el cielo por un pecador redimido que por noventa y nueve justos que no necesitan redención.

Ahora reemplacemos la palabra "pecadores" por "aquellos que creen que han pecado y que están más allá del amor de Dios". O "los que padecen un dolor físico o emocional extremo". Podemos reformular la lección de la parábola: "Si alguien siente mucho dolor, ¿no merece más atención que los que tienen poco o ningún dolor?".

Cuando los fariseos argumentaron: "Ningún hombre tiene el poder de otorgar perdón", en parte tenían razón. Ninguna persona puede perdonar porque a los ojos de Dios ya estamos perdonados. Una persona que perdona simplemente está afirmando una condición que ya existe. *Un curso de milagros* nos dice: "Dios no perdona porque nunca ha condenado". Ni siquiera Dios puede otorgar perdón porque en la mente de Dios nunca hubo nada que perdonar. El perdón no es un cambio de condición, sino un cambio de conciencia. En la mente de Dios la única condición es el amor. Ninguna otra experiencia puede inmiscuirse en el cielo. Nuestro papel no consiste en revertir el veredicto de castigo, sino en reconocer que Dios nunca emitió tal veredicto. *Un curso de milagros* nos dice que, cuando estamos ante el tribunal de Dios, el único veredicto es "caso desestimado".

LA DISOLUCIÓN DE UN DIOS IRACUNDO

Conozco a mucha gente que ha dado la espalda a la religión, a la espiritualidad o a Dios. Fueron criados en una religión o en una familia que les aterrorizó con historias de una deidad cruel y sedienta de sangre. Se les enseñó que eran malvados pecadores, y que, si no vivían una vida de perfecta santidad, arderían en el infierno por toda la eternidad. No culpo a esas personas por odiar esa religión. ¿Quién querría vivir sofocado por la amenaza y el castigo? Sin duda, debe haber un camino mejor.

Jesucristo trajo este camino de misericordia y compasión. Aunque las personas temerosas han proyectado sus creencias tenebrosas en Cristo y han puesto palabras duras en su boca, su ministerio y su mensaje estuvieron dedicados a liberar a los seres humanos de la opresión de un Dios iracundo.

Si supieras que Dios es amor y solo amor, ¿cómo cambiaría tu vida? Si pudieras borrar el miedo y la culpa de tu mente y de tu corazón, ¿qué harías? ¿Y qué dejarías de hacer? Si te reconocieras inocente, perfecto tal como eres, ¿a quién verías al mirar al espejo?

Jesús vino a reemplazar el pecado original por la inocencia original. Retiró del trono del terror a un Dios iracundo que respira fuego e instituyó a un Dios que es solo amor. Debemos cuestionar y crecer más allá de la noción de que Dios es otra cosa que amor. ¡Esta comprensión lo cambia todo!

VIVE SABIENDO QUE ERES AMADO

Una de las maneras de producir nueva vida es vivir estando ya en lo nuevo. Algunos dicen: "Fíngelo hasta que lo consigas". Pero esta frase está equivocada. La sugerencia asume que tú eres un perdedor fingiendo que eres un ganador hasta que te conviertes en ganador. La idea está al revés. Tú eres un ganador actuando como un ganador hasta que te des cuenta de que eres un ganador. Un consejo más apropiado sería: "Pon tu fe en ello hasta que lo consigas".

Una de mis canciones favoritas es "Vive como si te amaran", de Hawk Nelson. ¡Esta meditación es para toda una vida! Ahora tómate un momento para considerar si estás viviendo sabiendo que eres amado, o si, en cambio, estás viviendo como si estuvieras privado, fueras culpable o estuvieras condenado. Si aceptas cualquier tipo de carencia, juicio, abuso o enfermedad, has pasado por alto tu derecho de nacimiento a la abundancia, a la libertad, a la bondad y a una salud vibrante. Ninguna de estas condiciones negativas viene de Dios. Proceden de los pensamientos erróneos que hemos aceptado sin darnos cuenta.

He sido *coach* de miles de personas que sufren una sensación de falta de valía. En cada caso, podemos ver que las duras autocríticas de la persona tienen su origen en uno de los padres, hermanos, parientes, profesores, figura de autoridad o en la religión, que juzgó a esa persona cuando era niño o niña. Ningún niño nace con una mala autoimagen. La culpa es algo completamente aprendido. Los juicios que nos atan no son nuestros. Los hemos adoptado de personas que no se amaban a sí mismas y que intentaban aliviar su dolor proyectándolo en nosotros. Cuando reemplazamos las creencias oscuras con el amor que una vez conocimos pero que hemos olvidado, se produce la transformación. La curación no es un nuevo estado que alcanzamos. Es una gloriosa vuelta a casa.

NO ES CULPA TUYA

Vi un documental sobre el festival *Burning Man*,[7] una enorme reunión que tiene lugar cada año en el desierto de Nevada. Se reúnen hasta ochenta mil personas para celebrar la creatividad, el arte y para potenciar el espíritu de comunidad.

En este documental había un señor que iba por allí diciendo a la gente: "No es culpa tuya". El hombre no conocía a las otras personas ni sabía nada de ellas. Simplemente les decía: "No es culpa tuya". Las reacciones de los receptores eran asombrosas. Algunos se echaban a llorar. Otros rostros se iluminaban con un

7. Hombre ardiendo u Hombre ardiente. (N. del t.)

gran alivio. Otros se reían alegremente. Todos creemos que algo es culpa nuestra y nos fustigamos por nuestra supuesta transgresión. Cuando este hombre decía a la gente: "No es culpa tuya", las personas se sentían liberadas de su carga autoimpuesta.

Podemos resumir todo el ministerio de Jesucristo en: "No es culpa tuya". Cuando perdonó a la mujer adúltera y a la mujer pecadora que le ungió los pies, estaba diciendo: "No es culpa tuya". Cuando cenaba con odiados recaudadores de impuestos y cuando curó al sirviente del centurión romano, cuyo ejército estaba oprimiendo a Israel, estaba demostrando: "No es culpa tuya". Cuando dijo desde la cruz: "Perdónales, Padre, porque no saben lo que hacen", estaba declarando: "No es culpa tuya". Lo que haría más feliz a Jesús es que estuviéramos de acuerdo con él en que "no es culpa tuya". Ahora tómate un momento y piensa en algo por lo que te sientas culpable, desconcertado o avergonzado. Después imagina que el hombre del festival, o alguien a quien quieres, o Jesús mismo, toma tus manos, te mira profundamente a los ojos y te dice: "No es culpa tuya". Si puedes recibir este perdón, por fin te conoces tal como Dios te conoce.

El festival *Burning Man* toma su nombre del evento en el que se llega al clímax de la reunión, cuando se quema dramáticamente una enorme figura de madera que representa a una persona. El clímax de nuestro viaje hacia el oscuro mundo del miedo es cuando deshaces la persona rota o malvada que pensabas que eras. Una vieja, cansada y desdichada identidad arde, brillando sobre el fondo de la noche del desierto. Después de este "deshacimiento" se alza una figura parecida a Cristo, el fénix surgiendo de las cenizas. El dios de la culpa ha sido suplantado por el Dios que solo conoce el amor, y somos libres.

31

DIOS CAMINA EN EL MUNDO COMO TÚ

Sandi no había hablado con su hermana Claudia en diez años. Y un día recibió una llamada telefónica de Claudia desde un número desconocido.

—¿Desde dónde llamas? —preguntó Sandi.

—Hace unos años compré una casa en Santa Helena —replicó Claudia—. Hace poco hubo un incendio en la zona y todas las casas quedaron destruidas menos la mía. Hoy estaba mirando una pequeña placa que tengo en la pared de mi salón. Muestra un símbolo japonés. He dado la vuelta a la placa y he encontrado su descripción. El símbolo significa 'agua' y la explicación dice: 'Si mantienes esta placa en tu casa, estarás protegida del fuego'.

Sandi estaba asombrada. Que su hermana la llamara era poco común. Además, la casa de Claudia se había salvado milagrosamente.

—Entonces recordé algo —continuó Claudia—. Hace treinta años, tú me diste la placa.

Cuando realizas un acto de bondad, nunca sabes hasta dónde se extenderán sus efectos. *Un curso de milagros* nos dice: "Un milagro nunca se pierde. Puede tocar a mucha gente que ni siquiera conoces y producir cambios impensables en situaciones de las que ni siquiera eres consciente". Cuando Sandi dio a Claudia esa placa, no tenía ni idea de que el regalo acabaría bendiciendo a su hermana de manera milagrosa.

POR QUÉ DIOS TE NECESITA

Dios trabaja a través de las personas. Jesucristo no descendió de una nube con una manguera hasta la casa de Claudia para que el fuego no la consumiera. Más bien, la mente de Cristo inspiró a Sandi a ofrecer un acto de bondad que un día ayudaría enormemente a su hermana y contribuiría a su reconciliación.

Cristo es igualmente capaz de, y está dispuesto a, trabajar a través de ti. En general, la comida no aparece mágicamente ante la persona hambrienta, y una casa no surge del suelo para cobijar a una familia necesitada. Pero las personas bondadosas sirven comidas en los comedores sociales, y algunas organizaciones, como Habitat para la humanidad, construyen casas y las regalan. Estos actos son tan milagrosos como si la comida o la casa se manifestara de la nada. Otorgamos bendiciones en cocreación con el Poder Superior. En *Un curso de milagros,* Jesús también nos dice: "Tú eres mi voz, mis ojos, mis pies, mis manos a través de los cuales yo salvo al mundo". Aunque muchas personas están esperando que Jesucristo redima al mundo, Dios ya nos ha asignado esa tarea transcendental. Nosotros somos los canales a través de los cuales la divinidad hace que el mundo se parezca más al cielo.

NO ESCUCHES LA VOZ DE LA DUDA

El principal impedimento para que una persona obre milagros es sus dudas sobre ella misma. "¿Quién soy yo para llevar grandes cosas al mundo? Si conocieras mis pecados secretos, no me amarías ni me querrías. Debo poner mi vida en orden antes de poder añadir valor a las vidas de otras personas". No es así. Grandes personas luchan con los mismos problemas que tú o yo. La diferencia entre los agentes que cambian el mundo y la mayoría de la gente es que los primeros siguen adelante a pesar de sus fallos y debilidades.

Incluso Moisés sufrió esta sensación de falta de valía. Cuando Dios le llamó para liberar a la nación hebrea de la esclavitud en Egipto, Moisés se resistió argumentando que tenía un problema con el habla. Uno de los oradores más influyentes de la historia era "pesado de boca y pesado de lengua". Esto no impidió a Dios trabajar a través de él. Asimismo, las deficiencias que percibes en ti no impedirán a Dios trabajar a través de ti. No uses tu humanidad como una excusa para negar tu divinidad.

El Gran Espíritu otorga curación plantando semillas de intuición, inspiración y pasión en nuestro corazón. Tu voz interna es la voz de Dios hablándote directamente. No permitas que tu intelecto hipercrítico pase por alto tu guía interna. Da a Dios la oportunidad de bendecir el mundo a través de ti.

DIVINIDAD DISFRAZADA DE HUMANIDAD

La canción popular *From a Distance* [Desde la distancia] retrata a Dios observándonos. A pesar de lo hermosas que son la letra y la música, la canción niega la presencia de Dios entre nosotros. La idea de un Dios estacionado en algún lugar del espacio exterior, observándonos y juzgándonos, refuerza la ilusión de que Dios es una especie de Santa Claus sentado en el Polo Norte observando a la humanidad con una cámara web, y anotando quién es travieso y quién se porta bien. Una letra más precisa sería: "Dios está viviéndonos". Dios está tanto a este lado de las nubes como más allá de ellas. Él/Ella/Ello no está interesado en juzgarnos, y le interesa más ayudarnos a deshacer la ilusión de que hay una brecha entre nosotros y nuestra Fuente.

Cada persona con la que te encuentras es Cristo preguntando: "¿Me reconoces?". ¿Estás viendo un cuerpo roto o un espíritu vital? ¿Te desagradan las personalidades locas o recuerdas lo encantadora que es un alma? Para crecer debemos usar una especie de visión de rayos-x que atraviese el mundo que la gente ha creado para llegar al mundo tal como Dios lo conoce. Todo lo que vive es testigo de la santidad. Los místicos se sienten asombrados ante la mínima hoja de hierba cargada de rocío, ante el aleteo de un colibrí o el bramido de un elefante. A pesar de nuestros actos alocados, los seres humanos somos la gloria que corona la creación de Dios. Dondequiera que hay vida, está Dios. Dondequiera que estamos, está Dios.

Cristo podría presentarse incluso como la persona que ves cuando te miras al espejo. Si bien puedes fijarte en tus arrugas, en tu doble mentón o en que tienes los labios muy finos, el Hijo de Dios brilla a través de tus ojos e irradia a través de tu sonrisa. Está esperando que te veas a través de sus ojos.

El espíritu de Cristo se niega a estar contenido en una persona o a estar relegado a alguien externo a ti. Él necesita gente como tú para moverse sin miedo hacia el corazón de la humanidad y transformarlo desde dentro. Está buscando voluntarios que hagan por el mundo lo que piensas que él debería hacer por el mundo.

TÚ DAS PROPÓSITO A LA VIDA

El mundo no tendría propósito si no estuvieras aquí. Sin humanidad, la belleza no tendría a nadie para disfrutarla. Dios creó el mundo para experimentarlo de manera única a través de cada uno de nosotros. Si fueras padre y compraras juegos infantiles a tus hijos, los instalarías en el jardín de atrás de tu casa para que ellos los disfrutaran. Si ellos no los vieran nunca y nadie jugara con ellos, no tendrían ningún propósito. Los juguetes solo tienen significado y valor cuando alguien les da buen uso.

Nosotros somos los hijos de Dios en el campo de juego de la Tierra. Todo está preparado para nuestro aprecio y educación. Los momentos divertidos nos recuerdan lo bueno que puede llegar a ser, y los momentos duros nos ofrecen lecciones sobre cómo vivir mejor. En ambos casos, salimos ganando.

Muchos cristianos citan el verso de la Biblia: "Porque tanto amó Dios al mundo que le dio a su único Hijo...". La idea es que Dios sacrificó a Jesucristo para que todos nosotros pudiéramos tener vida. *Un curso de milagros* hace un pequeño cambio en este lenguaje que introduce una gran diferencia en su interpretación: "Dios amó tanto al mundo que se lo dio a su único hijo". El cielo no se compra con sacrificio, sino que se recibe como un regalo de amor. Jesús mismo citó dos veces a Oseas 6:6: "Me deleito en la misericordia, no en el sacrificio". Si Dios no encuentra valor en el sacrificio, ¿por qué sacrificaría a Su Hijo?

Jesucristo no era hijo único. Todos nosotros también somos hijos de Dios. La versión griega original de la Biblia dice: "Jesucristo es Hijo de Dios". En ese lenguaje no estaba presente el artículo como elemento gramatical. Los intérpretes lo tradujeron como: "el Hijo de Dios", cuando el significado es "un hijo de Dios", lo que implica que hay otros hijos e hijas de Dios: todos nosotros. Jesús no tenía más Dios en él que nosotros. Simplemente era plenamente consciente de Dios en él, y nos llamaba a unirnos en ese reconocimiento divino.

Tú naciste para traer una expresión particular de la Divinidad al mundo. Tu emanación especial es tan única como tu huella dactilar o como un copo de nieve. Nos encanta estar al lado de bebés y niños pequeños porque ellos recuerdan quiénes son, y todavía no les han enseñado las creencias sobre la comparación y la competición que merman el alma. El presidente Theodore Roosvelt dijo: "La comparación es el ladrón de la alegría". Puedes dar todos tus regalos y talentos únicos sin menoscabar los de los demás; la suma total de la expresión humana hace que el mosaico esté completo.

EL REGALO DE DIOS PARA TI

Creer que el mundo fue creado como un regalo para ti no es una expresión del ego. Al contrario, refutar que eres el amado de tu padre celestial es una gran negación. *Un curso de milagros* ofrece esta descripción poética de tu valía indescriptible:

> Todo lo que vive no hace sino ofrecerte regalos y depositarlos con gratitud y alegría ante tus pies. El aroma de las flores es su regalo para ti. Las olas se inclinan ante ti, los árboles extienden sus brazos para protegerte del calor y sus hojas tapizan el suelo para que camines sobre algo mullido, mientras que el sonido del viento amaina hasta convertirse en un susurro en torno a tu santa cabeza.

El propósito de tu camino espiritual, y de toda tu vida, es recordar y reclamar tu identidad como ser divino. Todos los eventos y experiencias están al servicio de ese despertar supremo. No dejes nada fuera de esta noble visión. Cuando finalmente te des cuenta de que Dios camina en el mundo como tú, el gran cuadro de tu vida se enfocará y todo tu recorrido tendrá perfecto sentido.

32

TU AUTORIDAD DIVINA

En algún momento de nuestra vida, cada uno de nosotros debe hacer una elección crucial: ¿Tiene el mundo poder sobre ti, o tú determinas tu experiencia? ¿Eres esclavo de las condiciones o tu ordenas las condiciones con tu conciencia? ¿Eres el efecto de causas externas o la vida despliega tus intenciones?

> Cuando entró en la barca, sus discípulos le siguieron. Entonces surgió una gran tormenta en el mar, de modo que las olas cubrían la barca; pero Jesús estaba dormido. Y vinieron a él y le despertaron diciendo: "Sálvanos, señor; ¡estamos pereciendo!". Él les dijo: "¿Por qué tenéis miedo, hombres de poca fe?". Entonces se puso de pie e increpó a los vientos y al mar, y se hizo una gran calma. Los hombres estaban anonadados, y dijeron: "¿Qué tipo de hombre es este, que hasta los vientos y el mar le obedecen?".

Como los discípulos a bordo de la barca, tú podrías sentir que los problemas del mundo se ciernen tan amenazantes que estás en peligro mortal y que tu nave está a punto de hundirse. Sin embargo, mientras la enfurecida ola se acerca, hay alguien dormido en el casco, un sanador establecido en su mente subconsciente. Este maestro interno tiene el poder de apaciguar el viento y las olas.

En esta historia hay una enseñanza todavía más sutil: Jesús estaba tan dormido que ni siquiera era consciente del caos externo.

La turbulencia no estaba en su realidad. La nave se balanceaba, pero no su mente. Asimismo, tu verdadero ser está establecido en la paz, con independencia de las condiciones mundanas. Solo el pequeño yo que regala su poder a las circunstancias puede sentirse molesto.

Jesús, maestro de compasión, salió del subconsciente, se encontró con los discípulos en la cubierta de la observación mundana y pronunció la palabra que calmó el caos externo. Cuando afrontes cualquier tipo de tribulación, si invocas a Cristo dentro de ti, adquieres dominio sobre las circunstancias más duras.

El incidente de Jesús caminando sobre el agua, también relatado en los evangelios, enseña la misma lección. A nivel metafísico, el agua representa las emociones. Caminar sobre el agua simboliza elevarse por encima de los sentimientos básicos, pensar con claridad, y llegar a tu destino sin dejarte distraer ni superar por el disgusto emocional. El Cristo dentro de ti no puede hundirse.

RECUPERAR LOS REGALOS QUE FUERON ROBADOS

Las personas que tienen problemas con las figuras de autoridad no se dan cuenta de que la autoridad dentro de ellas es infinitamente más poderosa que cualquier persona que se presente en la pantalla de cine de su vida. Cuando la Unión Soviética estaba bajo el gobierno comunista, fui allí con un grupo de diplomáticos para construir puentes de confianza y amor entre nuestro país y la gente soviética. Hicimos muchos amigos y establecimos profundas conexiones de corazón.

La última tarde de nuestra visita nos ofrecieron un banquete de despedida. Un miembro de nuestro grupo invitó a su nuevo amigo ruso a unirse a nosotros, y le dimos algunos regalos. Entre tanto, varios policías secretas de la KGB se habían infiltrado en nuestra reunión para espiarnos. Cuando vieron al joven ruso sosteniendo los regalos que le habíamos dado, un oficial empezó a arrebatárselos. Al ver esto, Tom Sewell, un miembro de nuestro grupo, intervino. Con atrevimiento tomó los regalos, uno a uno, de las manos del agente de la KGB y los puso en los brazos de nuestro amigo. La intención de Tom era tan fuerte que el agente de la KGB simplemente se quedó allí observando la interacción. Después desapareció, dejando a nuestro amigo con los regalos que merecía.

Este escenario inspirador es una parábola moderna. Un Dios amoroso, que desea ser tu amigo y apoyarte, te ha dado magníficos regalos. Entretanto, una voz horripilante en tu mente dice: "No te mereces esto. Voy a alejar la felicidad de ti". Entonces un salvador en tu mente te recuerda: "Tú mereces esto. Te devolveré lo que te pertenece por derecho". La autoridad con la que tu salvador interno habla y actúa es abrumadora y no admite oposición. La voz del miedo no puede compararse con la voz del amor. Debe ceder y dejarte al benéfico cuidado de Dios.

CRISTO TE VALIDA

Jesús no solo quiere que sepas lo cerca que él está de Dios. Él quiere que sepas lo cerca que tú estás de Dios.

La madre de Winston Churchill, Jenny Jerome, asistió a una fiesta en la que conoció a dos políticos que competían por el puesto de primer ministro del Reino Unido. Jenny descubrió que Benjamin Disraeli y William Gladstone tenían personalidades muy diferentes. Durante su conversación con Gladstone, este pasó la mayor parte del tiempo expresando sus opiniones políticas. Por otra parte, Disraeli se interesó sinceramente por la señora Jerome y le hizo muchas preguntas sobre su vida e ideas. Después de la fiesta, un periodista le preguntó por su impresión sobre ambos líderes.

—Cuando salí del comedor después de estar sentada al lado de Gladstone, pensé que él era el hombre más listo de Inglaterra —replicó—. Pero cuando me senté al lado de Disraeli, al irme sentí que yo era la mujer más lista.

Disraeli ganó las elecciones y fue uno de los líderes más memorables de Inglaterra.

Quienes escucharon las palabras de Jesús de sus propios labios también se sintieron elevados y afirmaron:

> Cuando Jesús hubo acabado de decir estas cosas, las multitudes estaban asombradas de sus enseñanzas, porque él enseñaba como alguien con verdadera autoridad, a diferencia de los profesores de la ley religiosa.

Cuando la Biblia nos dice que Jesús hablaba con autoridad, su poder de comunicación se basaba en dos elementos. El primero es que impresionaba a la gente con su asombrosa conexión con la Fuente. El segundo es que impresionaba a la gente con la conexión de esa misma gente con la Fuente. Cualquier profesor que diga o insinúe: "Yo tengo la respuesta y tú no", es un profesor a medias. Los verdaderos profesores honran tanto la sabiduría de sus estudiantes como la suya propia. El hecho de que las multitudes se quedaran impresionadas ante las enseñanzas de Jesús demuestra que entendían la verdad que él impartía, y que despertaba la memoria que las multitudes tenían de ella. Maya Angelou, una celebrada poetisa y activista por los derechos humanos, dijo: "He aprendido que la gente se olvidará de lo que dijiste, la gente se olvidará de lo que hiciste, pero nunca se olvidará de cómo les hiciste sentir".

EL NIVEL DE COMUNICACIÓN MÁS PROFUNDO

El mesías místico tocó a la gente al nivel del alma. Su *presencia* era imponente. Él estaba tan identificado con su naturaleza espiritual que sus estudiantes descubrieron la *suya*. Cuando hablas desde el corazón, todos escuchan porque Dios está hablando.

Solo un pequeño porcentaje de la comunicación es verbal. La mayor parte es no verbal. No estoy hablando de claves visuales como la postura corporal o el movimiento de los ojos. La comunicación no verbal más profunda es energética y espiritual.

En mis seminarios he observado que cuando alguien habla con autenticidad, todos escuchan atentamente. La audiencia está plenamente involucrada, pendiente de cada palabra. Cuando alguien se expresa desde el alma, toca el alma de quienes le escuchan. En cambio, cuando alguien habla desde la cabeza o desde el ego, la sala se queda muerta. El orador pronuncia palabras, pero no dice nada significativo. Los presentes se distraen, miran al reloj, consultan sus teléfonos o se van al servicio. La verdadera presencia es imponente. La ausencia de presencia es aburrida y frustrante.

Vi el anuncio de un teléfono móvil coreano que supuestamente mide la cantidad de pasión que expresa la voz de la persona que te está hablando. Esto te permitiría saber si la otra persona está enamorada de ti o no. Tuve que reírme. No necesitas una máquina para discernir entre la fuerza de vida y su ausencia. Todos llevamos incorporado un medidor de la verdad. Cuando alguien habla sinceramente, lo sabes. Cuando alguien está mintiendo o sus palabras carecen de autoridad, lo sabes. El Espíritu Santo nos guía constantemente a distinguir entre la verdad y la falsedad.

Cristo es una experiencia más que una idea. Puedes hacer gestos hacia Cristo con el intelecto, pero solo puedes conocer a Cristo en tu corazón. Un aforismo Zen aconseja: "No confundas el dedo que apunta a la luna con la luna misma". La mente pensante puede dirigirnos hacia la curación, pero solo la mente del alma puede unirnos a ella. ¿Por qué estudiar cosas sobre Jesús cuando puedes conocerlo íntimamente?

EL PODER DENTRO DE TI

Jesús dijo: "Se me ha dado toda autoridad en el cielo y en la tierra". Esta misma autoridad es tuya. Dios nos ha dado el poder de crear con nuestra mente. Tú has generado todo el mundo que ves con tu mente. Si te gusta lo que ves, asume crédito por la visión que has elegido. Si no te gusta lo que ves, acepta responsabilidad por la visión que has elegido. Mientras creas en la existencia de un poder externo que determina tu vida, estás negando la semilla de autoridad que Dios ha depositado en ti. Nada externo a ti puede hacerte daño y nada externo a ti puede salvarte. En este momento puedes exigir toda la salud, la riqueza, las relaciones correctas y el éxito que tu corazón desea. Cuando sabes que eres una expresión de Dios, el poder que gobierna el universo es tuyo.

33

DONDE VIVE EL CIELO

Después de su arresto, Jesús fue llevado ante el sanedrín, el consejo de rabinos que gobernaba la religión judía. Sus líderes se sentían severamente amenazados por este rebelde que desafiaba las reglas religiosas, les declaraba hipócritas en público y había escenificado dramáticamente el derrocamiento del mercado del templo. Aquellos hombres tenían todas las razones para sentirse preocupados por este descarado capaz de ganarles la partida.

Como los romanos ocupaban Israel, el sanedrín no tenía poder para condenar a un hombre. De modo que entregaron a Jesús a Pilatos, el gobernador romano. Pilatos también se sentía inquieto por este agitador que, dado el impulso de su creciente popularidad, podría fácilmente llevar a las masas a una revuelta. Pilatos le preguntó directamente:

—¿Eres tú el rey de los judíos?

Y la respuesta de Jesús fue más que brillante:

—Mi reino no es de este mundo.

El mesías místico señalaba hacia un reino que está mucho más allá de las rencillas que mantiene la gente insegura por los bienes personales y el territorio. En esencia estaba diciendo: "No me interesan los juegos del ego y las disputas que dominan vuestro mundo. Yo camino en el reino del amor. Cualquiera que reconozca la vaciedad del mundo y las riquezas del cielo, estará contento de intercambiar un mundo minúsculo por otro poderoso; un pozo de sufrimiento por una alegría inexpresable".

El reino que Jesús reclamó es el hogar adecuado para cada hijo de Dios. El mundo que tienta y aprisiona a la mayoría de la gente no puede confinar a Cristo, nuestra verdadera naturaleza. Mereces mucho más que la historia que te muestran las noticias. Las personas que ven constantemente las noticias se sienten deprimidas porque el reino que describen no es el mundo para el que estamos destinados. Jesús estaba dirigiéndonos hacia ese reino y nos dio muchas pistas sobre cómo alcanzarlo.

GUÍA PARA EL HOMBRE RICO

Anteriormente en su ministerio, un joven rico le había preguntado:

—¿Qué debo hacer para entrar en el reino de los cielos?

Jesús lo miró con profunda compasión y le dijo:

—Vende todo lo que tienes, da el dinero a los pobres y tendrás un tesoro en el cielo. Después ven y sígueme.

La Biblia relata que el hombre se quedó desolado y se alejó.

Aquí, el maestro estaba subrayando la futilidad de intentar encontrar paz amasando los tesoros del mundo, "donde la polilla y el orín corrompen, y los ladrones entran a robar". El ego nos promete que cuantas más cosas materiales tengamos, más felices seremos. Sin embargo, si alguna vez has tenido muchas posesiones, sabes que cuanto más tienes, más te consume la ansiedad. El actor Jim Carrey dijo:

—Creo que todo el mundo debería ser rico y famoso, y hacer todo lo que han soñado para que puedan ver que esa no es la respuesta.

La respuesta es cambiar nuestro objetivo de los *objetos* a la *experiencia*. Creemos que adquirir más cosas nos traerá paz, cuando lo que nos trae la paz es elegirla. *Un curso de milagros* nos dice que cuando lo único que quieras sea paz, eso será lo que tendrás. Si no tienes paz, estás valorando más alguna otra cosa. "Sígueme" no significa necesariamente que el hombre de negocios tuviera que unirse al grupo de Jesús y viajar con los apóstoles. Jesús estaba animando al hombre a entrar en sus valores y a seguir el modelo de satisfacción interior que él demostraba.

NO POSPONGAS LA ALEGRÍA

Jesús habló del reino de los cielos ochenta veces en los evangelios, y lo describió de muchas maneras. Aunque muchas religiones relegan el cielo a la vida después de la muerte, Jesús lo consideraba un estado exaltado del que podemos disfrutar en esta vida. "El reino de los cielos está al alcance de la mano" significa que el amor infinito está disponible justo donde tú estás. Jesús no era un profesor soñador que proponía: "Sufre ahora y heredarás el paraíso después de morir". No estableció una abrumadora serie de requisitos que debemos cumplir y de deberes que debemos realizar antes de merecer el amor de Dios. Gran parte del ministerio de Cristo consistió en recuperar el poder que habíamos adscrito a las autoridades externas o a la recompensa después de la vida. *Un curso de milagros* nos pregunta: "¿Por qué esperar al cielo?".

MIRA ADENTRO, NO AFUERA

Cuando Jesús dijo: "El reino de los cielos está dentro de ti", estaba cortando con la tendencia a mirar fuera de nosotros para encontrar satisfacción. Alcanzamos la felicidad a través de una pareja romántica, de una casa elegante, de un trabajo prestigioso, de viajar a lugares exóticos y acumular cosas. Aunque está muy bien tener todo esto y más, para disfrutar verdaderamente debemos mantener nuestras prioridades en orden. "Buscad primero el reino de los cielos, y todas estas cosas se os darán por añadidura". Cuando haces de la paz interna tu prioridad, cualquier cosa que necesites del mundo vendrá con facilidad y sin esfuerzo, por medio de la gracia. El universo te cubre las espaldas.

EL CIELO EN EL TEJIDO DE LA VIDA

El maestro ofreció la parábola de un panadero que mezcla una pequeña cantidad de levadura en una masa de pan. Cuando el pan está siendo horneado, toda la masa sube porque la levadura está distribuida por toda ella. Cuando integramos el Espíritu en el tejido de nuestra vida, todas nuestras actividades se elevan a un nivel superior. Una pequeña elección a favor del bienestar llega lejos. Si no está presente la intención fundamental, la vida es plana, quebradiza y difícil de digerir. Cuando está presente, la vida cobra vivacidad. Como más adelante declaró san Ireneo: "La gloria de Dios es la humanidad plenamente viva".

Cuando la fe eclipsa el miedo, ocurren milagros. Irma es una mujer de setenta y cuatro años que vive en el segundo piso de su edificio de apartamentos. Un día se declaró un incendio en el inmueble, y el pasillo se llenó de fuego y humo. Irma no tenía otra salida que saltar. Pronunció una oración de protección y saltó del tejado sin red de seguridad para recogerla. Milagrosamente, aterrizó sobre sus pies y ni siquiera se cayó al suelo. No estaba lesionada. Irma contaba con una red de seguridad: la presencia de un Dios amoroso.

PLANTA TUS SEMILLAS SABIAMENTE

Jesús también comparó el reino de los cielos con un granjero que salió a sembrar sus semillas. Algunas cayeron en el camino, y los transeúntes las pisaron, o vinieron los pájaros y se las comieron. Otras cayeron en un suelo rocoso, y cuando salieron, se agostaron por falta de humedad. Otras crecieron entre los cardos, que las ahogaron. Y otras cayeron en suelo fértil, donde pudieron crecer saludablemente y produjeron abundante fruto.

Las semillas de esta parábola representan las palabras, las acciones y los pensamientos positivos, amorosos, visionarios. Si los dejamos caer en el camino, donde pasa la gente, serán pisados por las creencias limitantes en las que la mayoría de la raza está inmersa. Las opiniones de otros, negativas y basadas en el miedo, las devorarán como pájaros hambrientos. Hace falta sinceridad de intención y una voluntad fuerte para no dejarse atrapar en el laberinto de las conversaciones y actividades anodinas que dominan la atención de la mayoría de la gente.

Si las buenas ideas caen en el suelo rocoso del intelecto seco, no crecerán porque les faltará la humedad de un corazón amoroso. El intelecto disecciona la verdad en pequeñas piezas desconectadas que tienen poco parecido con la totalidad original. Lo que mucha gente llama educación es, en realidad, una madriguera de conejo. Puedes pensar tu camino para salir del cielo y también puedes pensar tu camino de vuelta a él.

Los cardos representan la duda, la autocrítica y el malestar emocional que impiden que llegue la luz del sol de la presencia del amor. Es imposible que ideas sanadoras y elevadas se establezcan, crezcan y den fruto en un entorno de pensamientos y sentimientos sofocantes. Si sigues denigrándote, Dios no puede elevarte. Tómate un descanso y deja que el universo te lleve a tu pleno potencial.

Las ideas plantadas en el suelo fértil de un entorno mental positivo crecerán saludables y fuertes. Cuando meditas, rezas, usas afirmaciones, lees libros interesantes, ves películas con contenido, participas en conversaciones significativas y asistes a clases o a servicios religiosos edificantes, tus pensamientos positivos se ven alimentados y tu yo espiritual se convierte en tu identidad predominante.

Algunas personas se sienten culpables al rechazar invitaciones, relaciones o entornos que les empujan hacia abajo. Uno de mis clientes de *coaching* me dijo:

—Estoy luchando con un bloqueo mental y emocional. Ya no puedo soportar ver las noticias ni participar en habladurías.

—Lo que llamas un bloqueo es un signo de desarrollo espiritual —dije yo—. No encontrar atractivas las noticias y los chismes significa que valoras una vocación más elevada. Decir "no" a un mundo obsesionado con cosas extrañas es un "sí" a la divina existencia.

Una vez más, el verdadero valor de la parábola se revela en el nivel intrapersonal. Las conversaciones y los pensamientos negativos de otras personas, o sus disfunciones, no pueden arrastrarte a menos que tus propios pensamientos se equiparen con ellos. Resulta tentador culpar a otros de alterarnos, cuando la verdadera causa de la alteración son los pensamientos autoderrotistas en los que caemos. Si tienes la mente clara y alineada con la Fuente de energía, nada del mundo puede moverte. Entonces has alcanzado la verdadera maestría espiritual.

UN MUNDO MÁS ALLÁ DE LOS PROBLEMAS

Jesús era muy consciente de las dificultades que todos afrontamos en nuestro viaje terrenal. Él declaró: "En el mundo tendrás tribulaciones. Pero anímate, porque yo he vencido al mundo". El mundo físico está construido sobre opuestos: luz y oscuridad, bien y mal, vida y muerte. Muchos de nosotros nos sentimos atrapados en un campo de batalla; dondequiera que miramos hay una amenaza. Nos pasamos el día esquivando personas desagradables y situaciones que ponen en peligro nuestra felicidad. Sin embargo, tenemos el poder de elevarnos por encima del campo de batalla. El maestro dijo:

—Mi paz os doy. No como da el mundo, sino como yo doy.

La paz del mundo es temporal y efímera. La paz de Dios es eterna. En algún momento debemos decidir en qué mundo queremos vivir. Cuando estás cansado del campo de batalla, busca un terreno más elevado. De hecho, Jesús nos dice:

—Tal como yo encontré mi camino al bienestar, tú también puedes.

Podrías sentirte tan rodeado de oscuridad que creas que nunca encontrarás el camino hacia la luz. Esto es una ilusión perpetrada por el miedo. A veces, la luz está más disponible cuando te sientes completamente atascado. En ese punto te sientes muy motivado a escapar. Muchas personas han encontrado iluminación o curación después de haber pasado una noche oscura del alma. Se sienten tan hartas de la vida que estaban viviendo que anhelan desesperadamente una vida mejor. Cuando tratas sinceramente de conectar con lo alto, por más bajo que hayas caído, la mano de Dios toma la tuya y te eleva más allá del mundo de la tribulación a una experiencia que transciende con mucho la dimensión física, "una paz que sobrepasa el entendimiento".

Jesús habló el triple del reino del cielo que del infierno. Quería evocar en nosotros la visión de hacia dónde vamos, en lugar de reforzar imágenes de lo que estamos dejando atrás. Su misión era salvar a la humanidad de la desagradable situación que nos hemos fabricado, y asentar nuestros pies en los prados del paraíso. Construyó un puente desde la escoria de la tierra al corazón de Dios, y nos llamó a cruzarlo con él. El reino de Cristo no era de este mundo, y el nuestro tampoco.

34

TODO EL CAMINO DE VUELTA A CASA

En algunos de mis seminarios propongo un ejercicio muy revelador. Los participantes se ponen por parejas y una persona le pregunta a la otra: "¿Quién eres tú?" una y otra vez. A la gente se le ocurren todo tipo de respuestas: "Yo soy Susan. Soy una madre. Soy la esposa de Todd. Tengo cuarenta y dos años. Soy artista gráfica. Soy introvertida. Soy Escorpio. Soy fan de los Raiders. Tengo trastorno de déficit de atención por hiperactividad...". Y así sucesivamente. Finalmente, después de expresar distintas identidades, el orador se da cuenta. "Eso es lo que soy en el mundo, pero soy algo más que eso".

Jesucristo sabía con perfecta claridad qué era ese "soy más que eso". Llegó más allá de su identidad como cuerpo o personalidad y se reconoció como una perfecta expresión de Dios. Lo complicado con respecto a ser un Hijo de Dios es que resulta difícil explicar tu identidad a otros que creen estar atrapados en el tiempo y en el espacio. Y todavía es más difícil convencerles de que ellos también son inmortales. De modo que el maestro hizo declaraciones como: "Yo soy el camino, la verdad y la vida", "El Padre y yo somos uno" y "Nadie viene al Padre sino por mí". Entonces y ahora estas declaraciones metafísicas dejaban a sus oyentes rascándose la cabeza en el intento de averiguar a qué se refería.

Estas elevadas declaraciones son las enseñanzas más importantes de Cristo porque a través de ellas apuntaba hacia nuestra propia naturaleza exaltada. Las parábolas sobre granjeros, bodas y cocinar eran guías metafóricas para enseñarnos cómo vivir en el mundo. Jesús también quería que viviéramos *más allá* del mundo. Todo entrenamiento interpersonal conduce a la comprensión intrapersonal, que culmina en el despertar transpersonal. Jesucristo es un modelo de rol de en quién nos convertimos cuando recordamos nuestro verdadero ser. Él nunca dijo: "Yo soy un ser divino y vosotros no". El "vosotros no" es una historia que inventó la mente durmiente. El camino espiritual consiste en ir pelando las capas de identidad erradas para revelar nuestra gloria inherente. Nuestro destino último no es seguir aprendiendo lecciones en el mundo. Nuestro destino último es transcender el mundo.

Enfoquémonos ahora en algunas de las enseñanzas más penetrantes de Jesús para poder ver el universo a través de sus ojos.

"YO Y EL PADRE SOMOS UNO… QUIEN ME HAYA VISTO A MÍ HA VISTO AL PADRE"

Un rayo de luz solar contiene todos los atributos del Sol. Lo que está en el Sol está en el rayo. No puedes separar el rayo del Sol. No tendría propósito ni existencia. Si conoces el rayo, conoces el Sol.

Jesús sabía que su verdadero ser era lo mismo que Dios. Se elevó más allá de la identificación corporal y de los límites impuestos por su intelecto humano y su experiencia física. La mente de Jesús era y es la mente de Dios. Su sentido "Yo soy" se expandió hasta ser todo lo que Dios es. Lo que es verdad sobre Dios es verdad sobre Cristo y es verdad sobre ti. El apóstol Pablo nos imploró: "Que esta mente esté en ti, la que también estaba en Cristo Jesús". La siguiente declaración de Pablo es todavía más asombrosa: "Quien, teniendo la forma de Dios, pensó que no era un robo ser igual a Dios".

Esta valiente declaración nos da a todos permiso para ser iguales a Dios. No es demasiado presuntuoso reclamar nuestra naturaleza divina. Podríamos pensar que es arrogante decir: "Yo soy uno con Dios", como si de algún modo estuviéramos robando la identidad de Dios. No puedes robar lo que ya es tuyo. No puedes falsear tu verdadero ser. No disminuyes lo que eres al declararlo. Cuando declaras tu identidad divina, la refuerzas. Cuando eres dueño de algo, heredas todos sus derechos, poderes y privilegios. Cuando reconoces que Dios vive en ti como tú, estás realizando el propósito de Dios y el tuyo. No eres un ladrón. El estado divino ya es tuyo.

"YO SOY EL CAMINO, LA VERDAD Y LA VIDA"

La clave para entender esta poderosa declaración es saber quién es el "yo" al que Cristo se refiere. Jesús no pensaba en sí mismo como una persona, pensaba en sí mismo como espíritu viviente. Se identificó con los atributos de Dios, no con los atributos de la gente. Nosotros podemos hacer lo mismo.

Cuando una persona de extraordinario talento está plenamente dedicada a su oficio, se funde con él. La parte desaparece en el todo y la persona *deviene* su vocación. Podríamos decir que Beethoven *es* música apasionada y que Nikola Tesla *es* ciencia visionaria. Mucha gente considera que Meryl Streep es la mejor actriz de nuestro tiempo porque desaparece en sus papeles y se convierte en la persona a la que está representando. No puedes separar la ola del océano; la existencia de una implica la existencia del otro.

Jesús estaba tan inmerso en la fuerza de vida que se convirtió en ella. Podemos usar la personalidad de Jesús como punto focal o punto de partida, pero debemos ir más allá de él. ¿Por qué mantener tu barca anclada en la bahía cuando tienes acceso a todo el océano? Cristo nos apremiaba: "Haced el camino que yo he recorrido y encontraréis el tesoro que yo he encontrado". En algún punto dejamos de buscar a Dios y nos convertimos en Dios.

En el relato épico hindú *Ramayana*, el mono Hanuman es el sirviente de Ram, la encarnación de Dios. Hanuman le dice a Ram: "Cuando me olvido de quién soy, te sirvo. Cuando recuerdo quién soy, soy tú". Jesucristo se convirtió en el Dios a quien servía, siendo el modelo de la evolución por la que todos pasamos.

"NADIE VIENE AL PADRE SINO POR MÍ"

El "mí" al que Jesús se refiere es universal. Puedes venir absolutamente al Padre a través de Jesucristo. Si eres cristiano y has aceptado a Jesucristo como tu salvador, has elegido sabiamente. Él puede acompañarte todo el camino de vuelta a casa. Un amigo mío escribió una canción: "No puedes equivocarte con Jesús". Así es. Nunca una representación más pura de Dios ha caminado sobre la tierra. Si sigues los preceptos que él enseñó y vives la vida que prescribió, tu corazón estará en paz y llegarás al cielo.

También hay otras personalidades que pueden llevarte al Padre. Si tienes fe en un gurú o maestro espiritual como encarnación de Dios, esa persona puede guiarte a la salvación. Cuando la gente se curaba en presencia de Jesús, él les decía: "Tu fe te ha hecho pleno". Asimismo, es tu fe la que revela a Dios, bien a través de Jesús o a través de otro maestro divino. Cristo es demasiado grande para estar contenido en una persona. Las grandes almas, siguiendo muchos caminos espirituales distintos, unen a la humanidad con nuestra Fuente. Ninguna religión tiene el monopolio de la verdad ni es más dueña de Dios que las demás. Cuando introduces un destino en el GPS, te muestra varias rutas posibles. Al final, el camino que sigas no es tan importante como que llegues adonde quieres ir.

"EL QUE ESTÁ EN MÍ ES MÁS GRANDE QUE EL QUE ESTÁ EN EL MUNDO... NO SOY YO, SINO EL PADRE DENTRO DE MÍ QUIEN HACE EL TRABAJO"

Cualquier persona con verdadero talento reconoce que sus dones proceden de una fuente superior. Nadie inventa su propia grandeza; más bien entra en ella. Si la persona piensa que ella misma es la fuente de sus bendiciones, está en el camino del ego y no le llevará a ninguna parte. Las cosas buenas se vierten al mundo desde Dios *a través* de las personas. Jesús sabía que él era la vasija a través de la cual Dios conseguía los resultados. Se vació de ego y permitió que el Poder Superior moviera el mundo a través de él.

Si te sientes cansado o agotado, una parte de ti cree que eres tú quien está haciendo el trabajo. Estás actuando bajo una responsabilidad que no te corresponde. Cuando estás en la mente correcta, tu actividad en el mundo es una cocreación entre Dios y tú, y no te sientes fatigado sino empoderado. Eres sabio cuando rezas: "Úsame como Tú quieras". Entonces tu Fuente celestial se encarga de los detalles. Te lleva con las personas perfectas a las situaciones perfectas, en el momento perfecto y para el propósito perfecto. Los milagros ocurren porque permites que el Padre actúe a través de ti.

Jesús tenía claro de dónde venían su energía y sus bendiciones. Cuando tengamos las cosas tan claras, realizaremos milagros aún mayores.

ESTÁ ESCRITO

Declarar que uno es el Hijo de Dios supone una amenaza para quienes creen que no lo son. Un mundo que tiene muy clara la defensa de los límites debe librarse de cualquiera que demuestre que no los tiene. Muchas personas han sido crucificadas de una u otra manera por identificarse con el Espíritu. Sin embargo, Jesús no aceptaba concesiones en su misión de despertar a la humanidad a su naturaleza espiritual:

> Los judíos le respondieron: "No te apedreamos por tus obras, sino por blasfemia; porque tú, siendo un hombre, te haces Dios". Jesús les respondió: "¿No está escrito en vuestra ley: 'Yo digo: Dioses sois'?".

Jesús se estaba refiriendo al Salmo 82:6: "Yo dije: sois dioses; todos vosotros sois hijos del Altísimo". Se nos ha enseñado que la humildad reside en admitir que no valemos nada. Pero creernos indignos es la arrogancia última, pues estamos refutando la perfección en la que fuimos creados. Hay mucho más en nosotros que nuestro ego y nuestros errores. Detrás de nuestros dramas humanos vive la grandeza. Jesús tuvo el coraje de defender la majestad que compartía con su Padre y nos llama a hacer lo mismo.

QUE TU CORAZÓN NO SE INQUIETE

Cristo dijo estas palabras finales a los discípulos:

Mi paz os dejo. Yo no os doy como el mundo da.

No dejéis que vuestros corazones se inquieten y no tengáis miedo.

Levantaos, vámonos de aquí.

Jesús nos toma de la mano y nos lleva de un mundo de alboroto a otro de profunda tranquilidad. Dejamos de considerar que estamos fuera del abrazo del amor y eso nos restaura. Nuestro largo y pesado viaje nos lleva a la puerta de la mansión que abandonamos en busca de algo mejor. Somos salvados por la asombrosa comprensión de que, mientras buscábamos en otra parte, hemos llevado nuestro bien dentro de nosotros. Todas nuestras experiencias nos han conducido adonde estamos ahora. El cielo es nuestro porque lo hemos elegido por encima de todo.

35

YA HAS ESTADO ALLÍ, YA HAS HECHO ESO

Buena parte de la cristiandad gira en torno a la crucifixión de Jesucristo. La cruz en la que murió se ha convertido en el símbolo de la religión. ¿Era esta la intención del maestro, o es el resultado de que la gente filtra una historia de amor a través del miedo? Ha llegado el momento de reflexionar sobre qué representa Jesús y cómo quiere que le recordemos. ¿Quiere que sigamos representando la crucifixión una y otra vez con nuestro propio derramamiento de sangre? ¿O quiere pasar a la resurrección?

En *Un curso de milagros*, Jesús describe la crucifixión como "el último viaje inútil". Nos apremia a evitar tomar la vieja y rugosa cruz. Este consejo pondrá los pelos de punta a cualquiera que asigne valor redentor a la sangre del cordero. Si se te ha enseñado que la sangre de Jesús te da vida, considerar que él no recomienda la crucifixión como camino espiritual podría confundirte. Hace falta un pensador valiente para cuestionar que el sufrimiento compra la redención.

El valor didáctico de la crucifixión resplandece cuando Jesús dice: "Padre, perdónales porque no saben lo que hacen". Aquí, el mesías místico nos ofreció un modelo del perdón último. Había sido despojado, azotado, humillado públicamente, torturado y brutalmente asesinado: el peor tratamiento posible que se puede dar a un ser humano. Sin embargo, en su corazón perdonó a sus agresores. Este acto extraordinario pone en asombrosa perspectiva nuestra propia sensación de ser víctimas. De repente, que tu hermana no te invite a cenar el día de Acción de Gracias parece muy liviano en comparación. Si Jesús pudo perdonar lo que le ocurrió, ciertamente podemos pasar por alto maltratos mucho más leves.

Algunos maestros metafísicos dicen que Jesús eligió conscientemente someterse a la crucifixión porque su muerte dramática haría que la gente recordara mejor su vida y enseñanzas. Tal vez sea así. Sin embargo, ha habido muchos otros gigantes espirituales como Moisés, Buda, Mahoma y Confucio cuyas muertes fueron más suaves y también han influido enormemente en el mundo.

En las primeras etapas de nuestro camino espiritual necesitamos fuertes contrastes que capten nuestra atención y nos animen a aprender nuestras lecciones. Si estamos profundamente dormidos, necesitamos una potente llamada a despertar, como un despertador que suene cada vez más fuerte hasta que no podamos ignorarlo. A medida que avanzamos en nuestro camino espiritual, necesitamos contrastes menos intensos, y nuestras lecciones se hacen más ligeras y amables. Nuestra evolución está más relacionada con el procesamiento interno que con apagar fuegos. Tal vez la enseñanza detrás de la crucifixión hable de una etapa de nuestro crecimiento, y cuando ya no encontramos valor en el sufrimiento de Jesús ni en el nuestro, nos graduamos y pasamos a un nivel de educación más sutil. En el Manual para el maestro de *Un curso de milagros*, Jesús nos dice que podemos curarnos de cualquier enfermedad cuando nos damos cuenta de que "esto no me sirve de nada". ¿Podríamos curarnos de la carga de la crucifixión personal cuando nos erguimos y decimos: "Esto no me sirve de nada"?

Oí a un cristiano criticar a un famoso religioso que invitaba a su congregación a vivir una vida próspera y alegre. El crítico citó una larga lista de discípulos de Cristo, de santos y mártires, que habían tenido muertes espeluznantes, a menudo pasando por la persecución y la tortura. Me pregunto si el crítico se daba cuenta de hasta qué punto estaba glorificando el sufrimiento. Nosotros no creemos aquello de lo que encontramos evidencias; más bien, encontramos evidencias de aquello en lo que creemos. Podemos probar cualquier cosa que creamos que nos va a servir. Un número mucho mayor de cristianos han tenido muertes naturales. Como he indicado, puedes argumentar a favor del valor del sufrimiento o puedes defender el bienestar. Yo prefiero la segunda puerta.

A lo largo de los siglos, más de trescientos cristianos con estigmas han sangrado espontáneamente en las palmas de las manos y otros puntos de sus cuerpos donde Jesús fue clavado en la cruz. Si los clavos atravesaron a Jesús por las muñecas, el método común de crucifixión romana, ¿por qué la mayoría de los estigmatizados sangran por las palmas de las manos? ¿Pudiera ser que la creencia desempeña un papel más grande en el sufrimiento de lo que sabemos? ¿Podrían los mártires haber estado ejerciendo menos la fe cristiana y más la fe en el martirio? Si de algún modo tú y yo nos vemos como mártires, ¿podríamos elegir liberarnos y vivir una vida más alegre? En la película *Straight Talk* [Directamente... Shirlee], Dolly Parton hace el papel de una psicóloga que dirige un programa de entrevistas en la radio. Cuando recibe la llamada de una mujer inmersa en un complejo de mártir, le aconseja que salga de la cruz porque alguien necesita la madera.

¿HAY VIDA DESPUÉS DEL DRAMA?

Cinco siglos antes de que Cristo caminara sobre la tierra, los griegos inventaron el drama. Un actor vive un momento difícil o una tragedia y sale purgado. Al ser espectadores del drama, recorremos indirectamente el camino del protagonista. Cuando el héroe gana su batalla o aprende una lección, se libera o se redime, experimentamos una catarsis, como si hubiéramos pasado por la misma experiencia. Ver dramas nos ayuda a resolver nuestros propios temores y conflictos sin pasar personalmente por el proceso físico.

El mismo tipo de limpieza ocurre en sueños. Si tienes una pesadilla y después despiertas de ella, pasas por la experiencia en el plano sutil sin tener que vivirla en el plano físico. Tu personaje en el sueño hace el trabajo por ti.

El mundo, que parece tan real, es un drama que se desenvuelve en nuestra mente. Cuando vemos que un personaje —que aparentemente está ahí fuera, pero en realidad está aquí— está sometido a una experiencia difícil o disfruta de una nueva libertad, incorporamos la experiencia sin tener que pasar por ella personalmente. En nuestro sueño, el personaje de Jesús representó magistralmente la tragedia y su resolución. Atravesó la muerte, el miedo que todos compartimos, y emergió con vida, la esperanza que todos compartimos.

LA GRAN REALIZACIÓN

Se nos dice que Jesús murió por nuestros pecados. Pero Cristo vino a *deshacer* la culpa, no a reforzarla. Dedicó su ministerio a perdonar a las personas que otros consideraban pecadoras. Si el ministerio del maestro consistió en purgar al mundo de la culpa, ¿por qué la culminación de su misión depositó todavía más culpa en la humanidad, hasta la eternidad?

Hay una comprensión metafísica más profunda de esta noción de que Jesús tomó sobre sí los pecados del mundo. Jesús entró en la ilusión del mundo que todos compartimos para poder liberarnos de él. Eligió entrar en un cuerpo físico, tener una experiencia humana, morir crucificado, perdonar a sus asesinos y resucitar para enseñarnos que nosotros también somos más grandes que nuestras circunstancias materiales. Él asumió el karma del mundo para demostrar que la gracia suplanta al karma. La crucifixión no tendría propósito si Jesús no hubiera proclamado el perdón y después se hubiera levantado de la tumba. Estos dos logros representan el triunfo sobre la victimización, el sufrimiento y la muerte, de los que todos anhelamos desesperadamente ser liberados. Jesús participó en el sueño del mundo para poder ayudar a despertar junto con él. Vino a un plano donde la gente cree en el pecado para poder liberarnos de esa creencia autoderrotista.

Cuando Juan Bautista se encontró con Jesús, declaró:

—Contemplad al cordero de Dios que quita los pecados del mundo.

Muchos teólogos interpretan esta declaración como una indicación de que Jesús fue el cordero ofrecido en sacrificio; absorbió los pecados de la humanidad y los purgó mediante su muerte. Hay otra interpretación mucho más ligera.

Yo solía vivir en una propiedad donde pastaban ovejas. A Dee y a mí nos encantaba contemplar a los corderos. Descubrimos que son las criaturas más dulces, amables e inocentes, modelos de facilidad, juego y alegría. Jesús, como cordero de Dios, guió la humanidad hacia Dios no a través de su asesinato, sino de su inocencia. Eliminó los pecados del mundo enseñando que nuestro verdadero ser no tiene ninguno. La mente superficial da realidad al pecado y después lo hace desaparecer. Una mente más profunda atraviesa el barniz del pecado y solo contempla inocencia.

EL PODER DETRÁS DE LA CRUZ

Si la crucifixión no forma parte del menú de nuestra curación, ¿por qué es tan poderosa? ¿Estamos engañándonos al ponerla en la torre de las iglesias, al llevar crucifijos, al marcar las tumbas y espantar a los vampiros con ella? La cruz es poderosa no por su forma o por su papel histórico, sino por nuestra creencia en ella. La verdadera fortaleza de la cruz, como de cualquier símbolo, está en nuestra mente. Nuestra fe en la cruz hace que sea válida como herramienta espiritual. Con la misma facilidad podríamos sentirnos energizados o protegidos por el símbolo de la estrella judía, o por la media luna del Islam, o por la imagen Zen de ondas extendiéndose desde un punto central. La declaración de Jesús: "Que se haga en vosotros según vuestra fe" es aplicable tanto a la cruz como a cualquier otro elemento de la vida.

El hecho de que el poder de la cruz sea el resultado de nuestra creencia no reduce su efectividad. Es la autorización mediante la cual nos otorgamos acceso a un Poder Superior. Si crees en la cruz o en cualquier otra imagen, puede abrirte la puerta a los milagros. El poder de Cristo está disponible para ti a través de cualquier ruta que tomes para conectar con él. Finalmente debemos crecer más allá de la creencia en objetos externos como fuentes de bien o de mal, y reconocer que la semilla de todo el poder que podríamos desear o necesitar ya está sembrada en nosotros. Cristo vive en nuestra mente y en nuestro corazón mucho más que en la imagen de los crucifijos.

ENCONTRARSE CON CRISTO EN UN TERRENO SUPERIOR

Hace años renuncié a observar dramas intensos. No me resulta gratificante como entretenimiento ver a alguien sufrir ni luchar. Muchas películas y libros se enfocan en el dolor más que en la redención. Hubo una película sobre la vida de Cristo que se fijaba casi exclusivamente en su tormento. Un crítico cinematográfico tituló su comentario: "Ensangrentado, ensangrentado, aleluya".[8] Conecto con Jesús como una afirmación del amor, de la vida y de la esperanza, no como una víctima de la tortura. Él es mucho más un espíritu viviente que un cuerpo. Si Jesús retornara hoy, no repetiría su crucifixión y tú tampoco la necesitas. Ya has estado ahí, ya has hecho eso. Si recibiste un tratamiento tan horrible en el lugar que visitaste, ¿volverías a por más? El mundo ha visto suficientes modelos de tortura; lo que ahora necesita desesperadamente son modelos de curación. Somos libres de crucificarnos a nosotros mismos y también somos libres de salir de la cruz. Cristo nos llama a aprender de su experiencia y a encontrarnos con él en otro ámbito más elevado.

Tal como Jesús tiró por tierra las mesas de los cambistas en el gran templo, hoy podría retirar las cruces de las iglesias y reemplazarlas con imágenes del Cristo resucitado, no con los brazos extendidos en agonía, sino abiertos para abrazarnos. Él afirmaría que nuestro regalo al mundo es nuestra alegría, no nuestra sangre. Entonces, cuando vayamos a la iglesia y oigamos decir al sacerdote: "Dios es amor", la imagen situada detrás del predicador reflejará la liberación del dolor, no su glorificación.

8. En lugar de "Gloria, gloria, aleluya". (N. del t.)

36

AL FIN LIBRE

El tercer día después de la crucifixión, dos mujeres fueron a la tumba de Jesús para ungir su cuerpo. Para su sorpresa, el cuerpo no estaba allí. Las mujeres se quedaron perplejas ante la ausencia del cuerpo de Jesús y dos hombres con brillantes atuendos se situaron ante ellas. Eran ángeles. Uno de ellos preguntó a las mujeres: "¿Por qué buscáis al viviente entre los muertos?".

Podríamos plantearnos la misma pregunta cuando buscamos vida donde no la hay. Vivimos vacíos de pasión no porque la vida esté ausente, sino porque estamos buscando al que vive entre los muertos. Confundimos el espíritu con la forma y buscamos la eternidad en lo cambiante. Hacemos de los objetos nuestros dioses, en lugar de reconocer al Dios que llega a nosotros a través de los objetos.

La pregunta del ángel es importante para cualquiera que haya perdido a un ser querido. Mientras lamentamos el final de su cuerpo, esa persona nunca fue un cuerpo en absoluto. Habitó su cuerpo y lo animó, pero no estaba limitada a él. Nuestros seres queridos son espíritus vivientes que se elevan muy por encima del plano físico. Si queremos conocerlos, debemos buscarlos donde están, no en el lugar del que se han ido. Mientras lamentamos su pérdida, nuestros seres queridos se alzan a nuestro lado, susurrándonos a la oreja: *No me busques en la tumba o en la urna. Ya no estoy en mi cuerpo. Ahora vivo en tu corazón.*

Esta lección liberadora es extrapolable a cualquier elemento de nuestra vida que alguna vez nos haya aportado vitalidad, pero que ya no lo haga. Una relación, un trabajo, un maestro o un grupo espiritual, un régimen de salud, una afición o una situación vital que antes nos estimulaba mucho. Sin embargo, con el paso del tiempo, la fuerza de vida se ha desvanecido y ahora estamos aburridos y simplemente repetimos una rutina. Lo que una vez fue un hogar se ha convertido en una concha vacía. Realizamos los rituales, pero no ponemos el corazón en ellos. Queremos pasar a otra cosa, pero nos da miedo soltar.

En ese momento estamos en un cruce de caminos donde vemos dos señales: el pasado muerto o un presente y un futuro vitales. ¿Qué camino seguir? ¿Por qué te aferras a lo que ya no te empodera? ¿Por qué buscas al que vive entre los muertos?

LOS FINALES SON COMIENZOS

Jesucristo levantándose de la tumba provee una metáfora de un proceso por el que todos pasamos. Cuando alguien muere, nace otra cosa. Cuando algo desaparece, algo nuevo aparece. Cuando algo limitado acaba, algo ilimitado queda liberado. Esta dinámica no se aplica solo a la muerte del cuerpo, sino a cualquier cosa que se acabe. Todo final marca también un comienzo. Todos los maestros espirituales genuinos están de acuerdo en una verdad: *La muerte no existe*. Solo hay vida, que sigue mostrándose de formas nuevas y diferentes.

Stephen Levine, que dedicó buena parte de su vida a trabajar con moribundos, escribió un libro con un título impactante: *Who Dies?* [¿Quién muere?]. La respuesta breve es: el cuerpo, el ego y la forma mueren, y todos ellos son insustanciales frente al espíritu. Desde una visión limitada, el cuerpo es real y el espíritu es un sueño. Desde una visión expandida, el espíritu es real y el cuerpo es un sueño. Mi maestra dijo: "Cuando nace un niño, la gente sonríe y los ángeles lloran. Cuando alguien muere, la gente llora y los ángeles se alegran".

Nada nace cuando el cuerpo muere. Simplemente volvemos a ser quienes hemos sido en todo momento. Despertamos del extraño sueño orquestado por el mundo y volvemos a casa.

RESURRECCIÓN DE LA RELACIÓN

Si es difícil entender la resurrección física, podría resultarnos más fácil observar la resurrección en las relaciones. Todos hemos pasado por algún tipo de ruptura, divorcio o el final de una amistad o de una relación de negocios. O tal vez un miembro de nuestra familia podría evitarnos. La mayoría de estas transiciones son dolorosas, puesto que valoramos las cosas buenas de la relación y desearíamos que hubiera continuado. Si en el pasado estuvimos enamorados, nuestro deseo es que hubiéramos podido conservar ese sentimiento maravilloso.

Sin embargo, la muerte de una forma dio lugar a algo mejor. Mirando atrás puedes ver cómo te sirvió la relación mientras estabas en ella y cómo te ha servido con su final. Entraste en la relación por las razones equivocadas, o tú y tu pareja os fuisteis alejando, o aprendiste la lección que tenías que aprender en esa relación, o completaste el contrato de tu alma, o hubo alguna otra razón por la que la relación no pudo seguir. Creciste con la experiencia y eres más sabio gracias a ella. Tal vez aprendiste a ser más honesto, a confiar y a seguir tu intuición, a comunicar más directamente, a establecer límites más saludables o a ser más amable contigo mismo. Te graduaste de la relación con muchos regalos espirituales que no tenías cuando entraste en ella.

Muchas personas se sienten culpables después de un divorcio porque no cumplieron el voto "hasta que la muerte nos separe". Pero definir la muerte solo como la muerte del cuerpo es muy miope. Las relaciones mueren como mueren los cuerpos. Si te separaste porque la relación había muerto, la muerte te ha separado. Permanecer en una relación sin amor, insalubre o abusiva después de que haya muerto no sirve a nadie. Y un antiguo adagio chino aconseja: "Cuando tu caballo muera, bájate de él". Mucha gente intenta continuar cabalgando la relación después de que el caballo ha muerto. Buscar vida donde no la hay es frustrante y debilitante, y te impide dar el siguiente paso gratificante de tu viaje relacional.

El propósito más elevado del final de una relación es alcanzar la resurrección. Asciende más allá de la carcasa de la relación y reclama tu yo brillante y feliz. Tu espíritu puede haberse quedado rígido en esa relación, pero no ha muerto. Sigue dorado e intacto, esperando que lo recuperes y vivas la vida más rica que puedas vivir, mucho más allá de la que vivías en esa pareja. Si te culpas a ti mismo por el final de una relación, tienes la oportunidad de perdonarte y reconocer tu inocencia. Hiciste las cosas lo mejor que pudiste con lo que sabías. Ahora sabes más.

En verdad, las relaciones no mueren. El amor es para siempre. Si alguien falleció o se fue de tu vida, el amor que experimentaste con esa persona sigue siendo tan real y estando tan vivo como siempre. Simplemente la expresión de amor está tomando otra forma. El amor está disponible a través de muchos canales, no solo uno. Si una persona ha fallecido, está disponible para que conectes y comuniques con ella en una frecuencia más elevada. Si la persona sigue viva y acabasteis de mala manera, tienes una magnífica oportunidad de hacer el trabajo interno y alcanzar la sanación con esa persona, al menos dentro de tu corazón. Si tienes resentimientos, lamentos, enfado o culpa, la relación todavía está rabiando dentro de ti, llamándote a liberar las emociones dolorosas y a elegir el amor en su lugar. Eso ocurrirá para ti y tu pareja algún día, de algún modo. Puede que veas o no esa manifestación en esta vida física, pero sin duda ocurrirá en tu camino espiritual. *Un curso de milagros* promete: "La dicha será el resultado final de todas las cosas".

RELACIONES DEL ALMA

Las relaciones ocurren entre almas, no entre cuerpos. Los cuerpos pueden servir de vehículos para la expresión del alma, pero los cuerpos en sí mismos son incapaces de relacionarse. Como analogía, los coches no tienen relaciones unos con otros. Son máquinas. Sus conductores pueden tener relaciones, pero los coches no. Los coches y los cuerpos son inertes. Las almas son expresiones de vida. Nuestras vidas solo tienen significado cuando reconocemos que somos seres espirituales y nos relacionamos unos con otros como rayos de lo divino.

Si solo te defines a ti mismo como un cuerpo, y a tu pareja de la misma manera, vas a tener un viaje muy duro. Aunque parece que los cuerpos se aman unos a otros, en realidad son las personas que habitan esos cuerpos las que comparten el amor. Un día vuestros cuerpos cambiarán y desaparecerán. ¿Qué quedará entonces? La respuesta es el secreto de la resurrección: solo el amor dura. Solo el amor permanece. Solo el amor es real.

Cuando un discípulo preguntó a Jesús si debía ir al funeral de su padre, este le respondió: "Deja que los muertos entierren a los muertos", lo que significa que los cuerpos entierran cuerpos, pero los espíritus, tanto de los vivos como de los aparentemente muertos, disfrutan de una realidad que está mucho más allá de lo que los cuerpos hacen. Jesús aconsejó al discípulo: "En cambio, sígueme y proclama el reino de Dios", lo que significa: Pon tu atención en la vida y celebra la presencia del amor que transciende el mundo material.

EL PASO FINAL DE LA LIBERTAD

Todas las creencias sirven a un propósito por un tiempo, pero después deben ser transcendidas. Debes crecer más allá de tus creencias. Puedes participar en una religión o en un partido político, seguir a un gurú o mantener una identidad cultural, una práctica ética o una dieta. Si bien estas actividades pueden ser de ayuda, hay un sistema de creencias más grande que el que has conocido. Conozco a muchas personas que crecieron en una religión en la que creían, o que sus padres forzaron sobre ellas. Más adelante descubrieron que dicha religión las hacía rígidas, o que ya no estaban de acuerdo con su dogma. Cuando estas personas trataron de salir del redil, se sintieron culpables, o algunos miembros de esa religión trataron de forzarles para que se quedasen. Finalmente, encontraron el coraje para seguir adelante y vivir una vida más expandida, alcanzando la resurrección.

Algunos elementos de la religión y de los gurús están muy cerca de Dios. Si los sigues, sirven como puertas al cielo. Pero no quieres quedarte para siempre en la puerta; la verdadera recompensa se gana cuando sigues adelante y entras por la puerta situada al final del pasillo. Un sabio indio dijo: "Si tienes una espina en el pie, puedes usar otra para sacártela". Tu religión, tu práctica espiritual o tu sistema de creencias es la buena espina que te ayuda a quitar otra mala. Pero sigue siendo una espina. Llegará el día en que dejarás atrás todas las espinas y serás libre.

EL FINAL DE LA DUDA

Se nos dice que después de la resurrección Jesús se apareció a los discípulos en cuerpo físico. Cuando el discípulo que dudaba, Tomás, cuestionó si aquella aparición era real, Jesús le invitó a poner los dedos en las heridas que le habían infligido durante la crucifixión. Cuando Tomás lo hizo y sintió la carne de Jesús, supo que realmente era él y sus dudas se disiparon.

Jesús manifestó un cuerpo físico a fin de convencer a los discípulos, y a nosotros, de que seguía muy vivo a pesar de que le habían declarado muerto. Esta fue una enseñanza dramática para dar fe ante los discípulos, y ante nosotros, de que hay una realidad más allá de nuestro mundo material. La aparición física de Jesús fue un acto de compasión, como toda su vida, para encontrarse con los seres humanos donde estamos, para contactar con nosotros en el mundo y ayudarnos a transcenderlo.

Un buen maestro no pide al alumno que vaya del infierno al cielo de un salto. En casos muy raros, esto ocurre espontáneamente. En la mayoría de los escenarios, necesitamos ascender paso a paso por la escalera que lleva al cielo. Las enseñanzas espirituales elevadas llegan al mundo a través de libros, películas, música y obras de arte. Dios llega a nosotros a través de formas que nos resultan familiares, que apreciamos y con las que podemos relacionarnos. El propósito más noble de la literatura, de la educación y del mundo del espectáculo es estimular a la humanidad para que mire hacia una verdad superior. Todo lo demás es relleno o, como dijo Shakespeare, prólogo.

La fe y la duda compiten constantemente por la posición dominante en nuestra mente. No pueden coexistir en ningún momento dado; debes hacer una elección. Puedes acelerar el predominio de la fe contrastando qué sensación te producen la fe y la duda. La fe te eleva y empodera, mientras que la duda te debilita. Reconocer esta diferencia crucial te ayudará a establecer una visión superior en lugar de dar vueltas en viejos y dolorosos circuitos tejidos por el miedo.

Muchos de nosotros sentimos que estamos dentro de la tumba de una relación opresiva, de un trabajo insignificante, de una situación de vida infeliz, de una enfermedad física o de un mundo loco. Ninguna de estas situaciones tiene el poder de atarnos. Nos mantenemos a nosotros mismos atascados al aferrarnos a lo que fue, en lugar de abrazar lo que es o lo que podría ser. Alcanzamos la resurrección al cambiar de mentalidad. Debemos reemplazar nuestros pensamientos de pequeñez, carencia y victimización por la conciencia de grandeza, abundancia y empoderamiento. Entonces escapamos de la tumba que una vez nos aprisionó. La gente que venga a buscarnos en la tumba no nos encontrará. Hemos seguido adelante. Miguel de Cervantes, autor del querido *Don Quijote*, dijo: “En los nidos de antaño, no hay pájaros hogaño”. En su resurrección, Jesús dejó atrás su viejo nido, y en la nuestra, nosotros también.

37

EL SECRETO DE LA SEGUNDA VENIDA

A veces paso junto a una iglesia que exhibe un gran letrero rosa y negro de neón que proclama: "Jesús está llegando". Mi amigo Albert se sienta pegado a su televisión, mirando las noticias para distinguir signos de que se acerca el fin del mundo, momento en que Cristo descenderá para que comience el éxtasis. En la comida de Pascua, los judíos dejan un sitio vacío para que el profeta Elías se una a la reunión. Le sirven una copa de vino y abren la puerta para que entre. De un modo u otro, todos estamos esperando a un salvador que redima al mundo de los desastres que asolan a la humanidad. Sin embargo, a pesar de todas estas nobles visiones y rituales, hay un fallo que mantiene la redención alejada. No habrá una segunda venida de Cristo porque la primera nunca acabó. El hombre Jesús vino y se fue, pero el Cristo, su verdadera naturaleza y la nuestra, vive por siempre. Cristo está con nosotros tanto ahora como cuando caminó en un cuerpo, y como siempre estará. El *Libro de los hebreos* declara: "Jesucristo es el mismo ayer, hoy y siempre". Jesús afirmó: "Antes de que Abraham fuera, Yo soy".

La presencia de Cristo no es un suceso en el tiempo. Es una realidad mucho más allá del tiempo. El maestro prometió: "Estaré con vosotros hasta el final de los días". El final del tiempo no es algo lineal. No habrá un día en el que el tiempo se acabe. El final del tiempo es un suceso que ocurre en la conciencia. En cualquier momento tenemos la capacidad de elevarnos más allá del tiempo. Cuando dejamos el ego atrás y reclamamos nuestra realidad como seres espirituales, Cristo está aquí para darnos la bienvenida a casa.

La verdadera segunda venida —o más precisamente la continuación y consumación de la primera— será el despertar de la humanidad al Cristo que vive en todos nosotros. Jesús todavía está esperando que vivamos el mensaje que nos dejó hace dos mil años. Cuando hayamos aprendido el "ama al prójimo como a ti mismo", nos dará la lección siguiente. Hasta entonces, tenemos trabajo que hacer.

Muchos grandes maestros han llevado la presencia de Cristo al mundo. Se presentan en todas las religiones y también sin religión. Si Dios se limitara a un mensajero, las vías para llegar a la humanidad se reducirían severamente. Restringir la revelación a Jesús sería como elegir el inglés como la única lengua que permite comunicarse. Los hablantes de todas las lenguas disfrutan de la misma capacidad de conectar. El mensaje brilla mucho más que el mensajero.

Aunque muchos esperan a un salvador, no llegará de nuevo como hombre. La segunda venida no es un cuerpo, sino una conciencia. El mesías es un estado mental, la flor de toda la evolución espiritual. Cuando la humanidad se adueñe de la naturaleza crística, la misión de Jesús se habrá completado.

Jesús te invita a unirte a él como redentor de la humanidad. Pero primero debes elevarte por encima de la creencia de que Jesús tiene algo que tú no encarnas también, y también la creencia de que él está en algún lugar donde tú no estás. Hablamos de la pasión de Cristo al describir su crucifixión. Pero su verdadera pasión es despertar el Cristo en todo aquel al que toca. Él quiere que caminemos a su lado y que compartamos su propósito de ser la luz del mundo. Si estás esperando a que se presente Jesús para poder ser la luz del mundo, te estás perdiendo su enseñanza fundamental. Cada uno de nosotros debe ser un faro de luz *antes* de ver a Jesús encarnado. Entonces nos *convertimos* en Jesús encarnado.

Los proselitistas preguntan: "¿Has sido salvado?". Su idea de ser salvado es que has de unirte a su iglesia. Pero la iglesia de

Cristo se extiende mucho más allá de un edificio o de una organización. La verdadera salvación es la liberación de la identidad que te define separado de Dios. Tú no estás separado de Jesús, de Cristo o de Dios, que son aspectos de ti. Adorar a Jesús es un paso intermedio para reconocer al Cristo en ti. Cuando puedas decir con igual autoridad: "Yo y el Padre somos uno", estás en casa.

DEL CUERPO AL ESPÍRITU

Una de las maneras de distanciarnos de la curación es quedarnos fijados en el cuerpo de Jesús en lugar de experimentar la presencia de Cristo. Identificamos la forma con el objeto, en lugar de celebrar la energía que anima la forma. Algunas personas espirituales o religiosas critican a otros que prestan demasiada atención a sus cuerpos. Si alguien se enfoca intensamente en la ropa y el maquillaje, en el culturismo, en la cirugía estética o intenta desesperadamente parecer joven cuando es viejo, podemos considerar que está absorbido en sí mismo o que es vanidoso. Sin embargo, hacemos esto mismo cuando reducimos a Jesús a su forma física. Él es mucho más que eso. Es espíritu viviente. Ninguna definición que sea menos que esta le honra. No puedes devolver el genio a la lámpara y no puedes limitar a Cristo a un cuerpo.

Si Jesucristo encarnara a día de hoy, yo lo dejaría todo para ir a bañarme en su presencia. Es posible que tú hicieras lo mismo. Sin embargo, él se muestra en la forma, aunque no en una única persona. Se muestra en todos aquellos con los que nos encontramos. Cada alma contiene la esencia de Cristo, o la naturaleza de Buda, o la canción de Krishna, o el *neshama* hebreo, el espíritu divino. Para acceder a esta gloriosa presencia debemos dejar atrás la ilusión de que solo somos seres físicos, debemos dejar de identificarnos con nuestros "trajes en la tierra". Debemos cambiar nuestra identidad de lo pasajero a lo eterno. *Un curso de milagros* nos recuerda: "Cuando te encuentres con alguien, recuerda que es un encuentro santo".

Una historia hindú nos habla de un sujeto que viajó con su perro hasta las cimas de los Himalayas, donde buscó intensamente la puerta del cielo. Después de muchas tribulaciones con su fiel compañero a su lado, encontró la puerta del paraíso. Allí, el portero le dijo que se había ganado el derecho de entrar en el cielo, pero tenía que dejar a su perro atrás. El hombre pensó en la invitación y dijo al portero:

—No voy a ir a ninguna parte, incluyendo el cielo, sin mi perro.

Al oír esto, el perro reveló su identidad como el dios Krishna, y ambos entraron en el cielo juntos.

Hay dos moralejas en esta historia: la primera es que los animales domésticos y las personas que amamos son Dios disfrazado. Algunas personas llaman a los perros "ángeles con pelo". Cada ser viviente, cualquiera que sea su apariencia, contiene la esencia de lo divino. Dios nos mira a través de los ojos de todos aquellos con los que nos encontramos y toca nuestro corazón a través del suyo.

La segunda es que todos entramos en el cielo juntos o no entramos en absoluto. No puedes salvarte sin reconocer el derecho de todos los demás a salvarse. Cuando llega la redención, nadie se queda atrás. Si excluyes a alguien del derecho a ser sanado, te niegas ese derecho a ti mismo. Cualquier cielo que excluya a alguien no es un cielo real. Todos hemos sufrido juntos y todos escaparemos juntos. La puerta del cielo es lo suficientemente ancha para que entre toda la humanidad.

EL FINAL DE LA ESPERA

Mientras esperas que se presente Jesús, él está esperando que te presentes tú. No hay retrasos en lo divino; la gente se ha inventado la idea del retraso para evitar la perfección del momento presente. Otro nombre de Jesús es "Emmanuel", que significa "Dios está con nosotros". No significa "Dios estaba con nosotros y después se fue" ni "Un día Dios estará con nosotros". Significa Dios está con nosotros. Ahora. No pospongamos hasta un momento futuro lo que ya ha sido dado completamente y en santidad. Mientras tal vez estemos esperando que nazca un niño especial que sea Cristo, él nace con cada bebé. Si Jesús viene con la forma de una persona, esa persona apuntará a tu propio Ser.

Tenemos que dejar de asociar la segunda venida con una sensación de anticipación para asociarla con una celebración. Tenemos que dejar de mirar hacia arriba y empezar a mirar dentro. Jesús no descenderá de las nubes, sino que surgirá de la niebla que envuelve los corazones consumidos por el miedo. *Un curso de milagros* nos dice: "Tú no eres salvado *de* nada, sino que eres salvado *para* la gloria". Nuestra misión es dar a Cristo un lugar para que vuelva a caminar por la Tierra a través de nosotros.

Durante su estancia aquí, Jesús nos dio claves cruciales sobre cómo había estado con nosotros y cómo volverá a venir.

> Tenía hambre y me diste de comer. Tenía sed y me diste de beber. Era forastero y me acogiste. Estaba desnudo y me vestiste. Estaba enfermo y cuidaste de mí. Estaba en prisión y me visitaste... Todo lo que hiciste por el menor de mis hermanos, lo hiciste por mí.

Cuando tratamos a alguien con compasión y bondad, estamos invocando la presencia de Cristo en la Tierra. En la introducción de este libro he ofrecido una lista de los muchos Jesuses a los que la gente se refiere, desde el Jesús religioso al Jesús político, al Jesús familiar y al Jesús místico. Ahora quiero presentar al Jesús final: el Jesús universal. Este Cristo vive más allá del género, de la edad, de la nacionalidad, de la raza o de la religión. Este es el Cristo que se presenta cuandoquiera que ayudamos a aliviar, por levemente que sea, el sufrimiento de otro. Cuando nos tratamos unos a otros como Cristo, invocamos su presencia. Jesús va dondequiera que es bien recibido. A través de nuestros actos a imitación de Cristo damos la bienvenida a Jesús en la Tierra, y logramos la segunda venida.

38

CONVERTIRSE EN CRISTO

La humanidad necesita una visión viviente de su potencial más elevado. Ese es el papel de Jesucristo. Sus superpoderes no subrayan nuestras fragilidades por contraste, sino que destacan los puntos fuertes que aún hemos de reivindicar. Cada referencia bíblica a Jesús apunta a nuestra identidad oculta como gigante espiritual. Tú puedes realizar todos los milagros que él realizó. Cada curación que hizo es una curación que tú mereces y que puedes otorgar a otros. Dios caminando por la Tierra como Jesucristo simboliza a Dios caminando por la Tierra como tú. Jesús fue la posibilidad más elevada de la humanidad hecha carne, la visión de en quién nos convertiremos cuando recordemos quiénes somos.

TÚ MOLAS

En el punto álgido de su ministerio, Jesús envió a los discípulos a enseñar y a curar. Cuando volvieron, contaron sus encuentros con personas que hacían conjeturas sobre quién era Jesús. Algunos judíos pensaban que Jesús era Juan el Bautista; otros, el profeta Elías; y otros Jeremías. Finalmente, Jesús preguntó a los discípulos:

—Y vosotros, ¿quién decís que soy yo?

Pedro entró en una profunda reflexión y dijo:

—Tú eres el Cristo, el hijo del Dios viviente.

Jesús, con agrado, puso sus manos sobre los hombros de Pedro, le miró firmemente a los ojos y replicó:

—Esto no te ha sido revelado por la carne y la sangre... Tú eres la roca sobre la que construiré mi iglesia.

Los discípulos representan tus atributos divinos que salen al mundo para testificar una verdad mayor. La gente de Judea, preguntándose quién era Jesús, representa los pensamientos fragmentados del intelecto intentando entender la santidad con la mente racional, que puede apuntar hacia la verdad pero nunca capturarla.

Pedro simboliza la parte de tu mente que reconoce la presencia de Cristo. Este conocimiento no ha llegado como resultado de una cadena de pensamientos; es más profundo que aquello a lo que el intelecto puede llegar. Solo la visión superior revela la verdad superior. Cuando Pedro reconoce a Jesús como el mesías, tú estás reconociendo tu naturaleza crística. La parte de ti que reconoce a Cristo *es* Cristo. Hace falta un semejante para reconocer a otro. Esta escena es una descripción épica de alguien que se despierta a sí mismo.

Tal como Jesús prometió construir su iglesia sobre el profundo conocimiento de Pedro, Dios construirá tu vida sobre tu fe. Aquí, una vez más, debemos entender que la verdadera iglesia no es una religión. Es un estado de conciencia. Jesús no tenía intención de iniciar una nueva religión. Tenía la intención de revelar la verdad al mundo. Las personas forman religiones en un intento de captar y mantener la verdad. Y en cierto sentido lo consiguen; muchos elementos puros de la cristiandad siguen siendo fieles a la visión de Cristo. Sin embargo, la corrupción se cuela en todas las religiones y distorsiona el mensaje original. Jesús dedicó una parte significativa de su ministerio a exponer la hipocresía que se había infiltrado en la religión judía. Si volviera hoy, haría lo mismo con el cristianismo. El maestro dijo: "Las puertas del infierno no prevalecerán contra mi iglesia". Ciertamente las puertas del infierno han prevalecido contra muchas iglesias porque se han desalineado de la intención de su fundador. Sin embargo, las puertas del infierno no pueden tocar un estado mental puro. Si recuerdas que la verdadera iglesia de Cristo es la conciencia que alcanzó, te elevarás por encima de las ataduras del ego y renovarás su presencia en la Tierra a través de la tuya.

DEL DISCIPULADO A LA MAESTRÍA

Cuando leemos sobre los hechos de Jesús, tendemos a identificarnos con los discípulos sentados a sus pies, absorbiendo sus poderosas palabras. Ahora te invito a tener otra visión aún más majestuosa: la de *ser* Jesús expresando la verdad que cambia vidas. Para la mentalidad mundana, convertirse en Jesús es una afirmación escandalosa. Para la mente divina, es la única afirmación que vale la pena aceptar. Identificarse como discípulo de Cristo es noble. Identificarse con Cristo es autorrealización.

El mesías místico no es un hombre que caminó por la tierra hace dos mil años. Es la parte de tu mente que te llama desde dentro a despertar. Mientras esperes que la liberación te llegue a través de una persona externa a ti, te estarás perdiendo el elemento esencial de tu alma, y naciste para descubrirlo. Jesús no quiere ser marginalizado como una proyección rechazada de tu propia divinidad. Él quiere que descubras los elementos de sí mismo que ya posees y *eres*. Él quiere liberarte de que le necesites y empoderarte al *reclamarle*. El no busca tu adoración, sino que te consideres digno y valioso. Si bien muchos contemplan a Jesús como algo más elevado que ellos, pocos contemplan al Cristo dentro de sí mismos. Aquel ante el que millones se postran no vino a ser instalado como un icono, sino a reflejar como un espejo. Él es una idea más que una persona. Los cuerpos están limitados a un punto en el tiempo y en el espacio. Las ideas están en todas partes a la vez. La idea que Jesús vino a expresar es mucho más importante que la forma que vino y se fue.

Un himno tradicional ensalza: "¡Qué amigo tenemos en Jesús!". Ciertamente es así. No obstante, Platón dijo: "La verdadera amistad solo puede ocurrir entre iguales". Si vamos a ser amigos de Jesús, y él nuestro, no podemos permitir que la idolatría haga temblar el terreno común que compartimos con él. La consumación de nuestra relación con Jesucristo es mirarle directamente a los ojos y llamarle no solo maestro, sino hermano. El discípulo se convierte en maestro; el buscador en lo buscado; el perdido en el encontrado; y el humano en Dios.

Si aceptar tu naturaleza crística es un salto demasiado grande, entonces continúa elevando tus ojos hacia Jesús. Cada uno de nosotros debemos avanzar al paso que nos resulte más cómodo. Sin embargo, un día intercambiaremos adoración por autoconocimiento; reverencia por igualdad; idolatría por divinidad.

Jesucristo no ha monopolizado el mercado de la divinidad; la santidad está distribuida de manera justa e igualitaria. Cuando nosotros nos convertimos en lo que Jesús se convirtió, la Biblia ha alcanzado su propósito. Por fin reconocemos que la gran saga es la nuestra. Entonces ya no habrá necesidad de adorar a un Dios externo situado por encima de nosotros. Descubrimos que el Dios lejano que tratábamos de agradar había vivido dentro de nosotros en todo momento, como nosotros, a través de nosotros, con nosotros y para nosotros. Entonces todos caminaremos en divina dignidad, y dejaremos atrás la historia épica que nos llevó a la gran liberación final.